Die Mikrokontroller
8051, 8052 und 80C517

2. Auflage

v/d\f
vdf Hochschulverlag AG
an der ETH Zürich

Rolf Klaus

Die Mikrokontroller 8051, 8052 und 80C517

2. Auflage

Zürcher
Hochschule
Winterthur

Hochschule
für Architektur,
Technik, Wirtschaft
und Sprache

Die Deutsche Bibliothek - CIP-Einheitsaufnahme

Klaus, Rolf:
Die Mikrokontroller 8051, 8052 und 80C517 / Rolf Klaus. ZHW, Zürcher Hochschule Winterthur ; Hochschule für Architektur, Technik, Wirtschaft und Sprache. – 2., überarb. und erw. Aufl. – Zürich : vdf, Hochsch.-Verl. an der ETH, 2001
  (vdf-Lehrbuch)
  ISBN 3-7281-2796-5

Das Werk einschliesslich aller seiner Teile ist urheberrechtlich geschützt. Jede Verwertung ausserhalb der engen Grenzen des Urheberrechtsschutzgesetzes ist ohne Zustimmung des Verlages unzulässig und strafbar. Das gilt besonders für Vervielfältigungen, Übersetzungen, Mikroverfilmungen und die Einspeicherung und Verarbeitung in elektronischen Systemen.

ISBN 3 7281 2796 5

1. Auflage 1999
2., überarbeitete und erweiterte Auflage 2001
© vdf Hochschulverlag AG an der ETH Zürich

Besuchen Sie uns im internet:
www.vdf.ethz.ch

Vorwort

Der Einsatz der Computertechnik nimmt seit Jahren in allen Bereichen stark zu. Sichtbarer Beweis sind die rasenden Veränderungen im Bereich der Personal Computer. Dort werden heute meist 32-Bit-Prozessoren und in naher Zukunft auch vermehrt 64-Bit-Prozessoren eingesetzt. Ist es also sinnvoll im Jahr 2001 ein Buch über 8-Bit-Prozessoren zu veröffentlichen? Werden solche Prozessoren denn überhaupt noch eingesetzt? Die Antwort auf beide Fragen lautet ja! Die folgende Abbildung zeigt die Anzahl 1999 weltweit verkaufter Prozessoren, geordnet nach ihrer Verarbeitungsbreite und ihrem Einsatz (Quelle: World Semiconductor Trade Statistic).

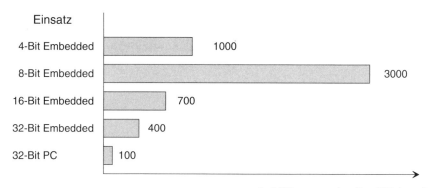

Dabei zeigt sich sehr deutlich, dass die überwiegende Mehrheit der Prozessoren in Embedded Systems eingesetzt werden und dass das Schwergewicht immer noch klar bei den 8-Bit-Prozessoren liegt, auch wenn heute ein Trend zu den 16-Bit-Prozessoren erkennbar ist. Geräte des täglichen Lebens wie Waschmaschinen, Billettautomaten, Videorecorder, alle Arten von Küchengeräten usw. sind heute ohne integrierte Mikrokontroller undenkbar.

Das vorliegende Buch behandelt die Mikrokontroller 8051, 8052 und 80C517, welche weltweit in riesigen Stückzahlen eingesetzt werden und deren Architektur die Basis für eine grosse Zahl von Nachfolgeprodukten ist. Das Buch richtet sich an Studierende und Ingenieure, welche ihr Wissen auf diesem Gebiet vertiefen wollen. Es erklärt den Aufbau und die Programmierung der genannten Mikrokontroller und bildet zusammen mit den im Verlag vdf bereits erschienenen Büchern "Vom Gatter zu VHDL – Eine Einführung in die Digitaltechnik", "Technische Informatik", "Grundlagen der Computertechnik" und "Einführung in C++" eine Einheit. Sowohl thematisch wie auch im Aufbau entsprechen sie dem in den Studiengängen Elektrotechnik und Informationstechnologie an der Zürcher Hochschule Winterthur erprobten Mix von Wissensvermittlung und praktischen Beispielen und Übungen.

Zusätzlich zur Vernetzung von Elektrotechnik und Informatik und der Kombination von Theorie und Praxis sind die Bücher auch eine Verbindung zwischen bewährtem Wissen und neuer, sich schnell verändernder Computertechnik. Basis für das Verständnis dieser Grundlagen sowie der Entwicklungen der Zukunft sind die Freude und das Interesse an der Technik, eine wichtige Grundlage der Ausbildung an der Zürcher Fachhochschule Winterthur.
Alle in diesem Buch enthaltenen Übungs- und Programmbeispiele sind über das Internet erhältlich unter: «http://www.vdf.ethz.ch»

Und schliesslich: Nobody is perfect – sicher ist dieses Buch noch verbesserungsfähig, oder es können neue Aspekte integriert werden. Ich freue mich über entsprechende Anregungen, aber auch über sonstige Rückmeldungen. Sie erreichen mich folgendermassen:

Rolf Klaus
Zürcher Hochschule Winterthur
Technikumsstrasse 9
Postfach
8401 Winterthur

eMail: Rolf.Klaus@zhwin.ch

Winterthur, März 2001

Rolf Klaus

Inhaltsverzeichnis

1 Der 8051 und seine Nachfolger 1
2 Architektur des 8051 5
3 Integrierte Zusatzfunktionen des 8051 45
4 Die Entwicklungsumgebung 81
5 Architektur des 80C517 141
6 Integrierte Zusatzfunktionen des 80C517 159

Anhang A: Lösungen zu den Übungen 207
Anhang B: Literatur 231

1 Der 8051 und seine Nachfolger 1
   1.1 Mikrokontroller 1
   1.2 Die wichtigsten Nachfolger des 8051 2
   1.3 Merkmale der besprochenen Typen 4

2 Architektur des 8051 5
   2.1 Die Funktionseinheiten des 8051 5
   2.2 Die Speicherorganisation 9
   2.3 Der Programmspeicher 10
   2.4 Der Datenspeicher 11
       2.4.1 Der untere RAM-Bereich 12
       2.4.2 Die Special Function Registers (SFR) 15
   2.5 Der Rechnerkern 19
       2.5.1 Überblick 19
       2.5.2 Die Flags und das PSW 22
       2.5.3 Reset 23
       2.5.4 Leistungsreduzierung 24
   2.6 Systemerweiterungen 25
       2.6.1 Das Prinzip der Systemerweiterung 25
       2.6.2 Beispiel für ein erweitertes System 26
   2.7 Der Befehlssatz des 8051 28
       2.7.1 Übersicht über den Befehlssatz 28
       2.7.2 Die Adressierungsarten 29
       2.7.3 Datentransferbefehle 30
       2.7.4 Arithmetische Befehle 32
       2.7.5 Logische Befehle 34
       2.7.6 Akku-Hilfsbefehle 34
       2.7.7 Bit-orientierte Befehle 35
       2.7.8 Rotationsbefehle 35
       2.7.9 Programmverzweigungen 36
       2.7.10 Unterprogrammbefehle 38

2.8 Strukturelemente 39
    2.8.1 Das Prinzip 39
    2.8.2 Einfachverzweigungen 40
    2.8.3 While-Schleifen 41
    2.8.4 Zähl-Schleifen 42
    2.8.5 Endlos-Schleifen 42
2.9 Übungen 43

3 Integrierte Zusatzfunktionen des 8051 .... **45**
3.1 Übersicht über die integrierten Funktionen 45
3.2 Die Ports 47
    3.2.1 Die Funktion der Ports 47
    3.2.2 Übersicht über die Zweitbelegungen der Ports 50
3.3 Das Interrupt-System 51
    3.3.1 Die Interrupt-Quellen 51
    3.3.2 Die Interrupt-Freigabe-Logik 52
    3.3.3 Die Interrupt-Prioritäts-Logik 53
    3.3.4 Die Interrupt-Adressen 53
    3.3.5 Ablauf eines Interrupt 54
    3.3.6 Übersicht über die Interrupt-Struktur 55
3.4 Die Timer/Counter 57
    3.4.1 Die Funktionsweise der Timer/Counter 0 und 1 57
    3.4.2 Übersicht über die Timer/Counter 0 und 1 59
    3.4.3 Die Programmierung der Timer/Counter 0 und 1 60
    3.4.4 Die Funktionsweise des 16-Bit-Timer/Counter 2 63
    3.4.5 Übersicht über die Betriebsarten des Timer/Counter 2 ... 64
    3.4.6 Die Programmierung des Timer/Counter 2 65
3.5 Die serielle Schnittstelle 67
    3.5.1 Die Funktionsweise der seriellen Schnittstelle 67
    3.5.2 Die Generierung der Baudraten für die Modes 1 und 3 ... 74
    3.5.3 Übersicht über die Baudratengenerierung 75
    3.5.4 Die Programmierung der seriellen Schnittstelle 76
3.6 Übungen 78

4 Die Entwicklungsumgebung ... 81
4.1 Integrierte Entwicklungsumgebungen ... 81
4.2 Die integrierte Entwicklungsumgebung µVision1 ... 82
4.3 Der A51 Assembler ... 87
4.3.1 Moduldeklaration ... 87
4.3.2 Segmente ... 87
4.3.3 Deklaration von Speicherplatz ... 92
4.3.4 Symbole ... 93
4.3.5 Modulverknüpfungen ... 96
4.3.6 Makros ... 98
4.3.7 Assembler-Steueranweisungen ... 100
4.3.8 Aufruf des Assemblers ... 100
4.4 Der C51 Compiler ... 101
4.4.1 Übersicht über die Sprache C51 ... 101
4.4.2 Programmstrukturen ... 102
4.4.3 Prozeduren und Funktionen ... 104
4.4.4 Datendeklaration ... 106
4.4.5 Konstanten-Definitionen ... 107
4.4.6 Datentypen ... 107
4.4.7 Arithmetische Operatoren ... 109
4.4.8 Zuweisungs-Operatoren ... 109
4.4.9 Logische Operatoren ... 110
4.4.10 Vergleichs-Operatoren ... 111
4.4.11 Definieren von SFR-Symbolen ... 111
4.4.12 Definition von Datentypen ... 112
4.4.13 Compiler-Steueranweisungen ... 113
4.4.14 Startup File ... 113
4.4.15 Run Time Library ... 113
4.4.16 Aufruf des Compilers ... 114
4.5 Der Linker ... 115
4.6 Der Source Level Debugger dScope51 ... 116
4.6.1 Simulator ... 116
4.6.2 Zielsystem-Debugger ... 116

4.6.3 Start von dScope 116
4.6.4 Hauptfenster von dScope51 117
4.6.5 Einfacher Test 119
4.6.6 Starten des dScope über eine Batch-Datei 122
4.7 Einfaches Beispiel mit Target Debugger 123
4.7.1 Beschreibung des Beispiels 123
4.7.2 Beispiel in Assembler 51 125
4.7.3 Beispiel in C51 128
4.8 Die integrierte Entwicklungsumgebung µVision2 130
4.8.1 Überblick 130
4.8.2 Anlegen eines Projektes 131
4.8.3 Importieren eines µVision1-Projektes 132
4.8.4 Optionen der Werkzeuge 132
4.8.5 Übersetzen und Linken 134
4.8.6 Mehrere Targets im Projekt 134
4.8.7 Testen 134
4.9 Übungen 139

5 Architektur des 80C517 .... **141**
5.1 Die wesentlichen Unterschiede zum 8051 141
5.2 Übersicht über die Funktionen 142
5.3 Der Programm- und Datenspeicher 145
5.4 Die arithmetische Einheit 147
5.5 System Clock Output 150
5.6 Power Saving Modes 151
5.7 Fail-Save-Mechanismen 153
5.7.1 Der Watch Dog Timer 153
5.7.2 Die Programmierung des Watch Dog 155
5.7.3 Der Oszillator-Watch-Dog 156
5.8 Übungen 157

6 Integrierte Zusatzfunktionen des 80C517 .... **159**
6.1 Übersicht über die Zusatzfunktionen des 80C517 159
6.2 Die Ports 161
6.3 Der integrierte Analog/Digital-Wandler 164
    6.3.1 Die Funktionsweise des A/D-Wandlers 164
    6.3.2 Die Programmierung des A/D-Wandlers 168
6.4 Die Timer/Counter 0 und 1 170
6.5 Die Capture/Compare Unit (CCU) 170
    6.5.1 Das Prinzip der CCU 170
6.6 Der Timer/Counter 2 173
    6.6.1 Die Funktionsweise des Timer/Counter 2 173
    6.6.2 Die Programmierung des Timer/Counter 2 174
6.7 Der Compare Timer 176
    6.7.1 Die Funktionsweise des Compare Timer 176
    6.7.2 Die Programmierung des Compare Timer 177
6.8 Die Funktion Compare 178
    6.8.1 Compare Mode 0 178
    6.8.2 Compare Mode 1 180
    6.8.3 Die Register CRC und CC1–CC3 181
    6.8.4 Das Register CC4 183
    6.8.5 Die Compare Registers CM0–CM7 185
6.9 Die Funktion Capture 187
    6.9.1 Die Funktionsweise 187
    6.9.2 Die Programmierung der Compare/Capture-Funktion 189
6.10 Die serielle Schnittstelle 0 191
    6.10.1 Die Funktionsweise der seriellen Schnittstelle 0 191
    6.10.2 Die Programmierung der seriellen Schnittstelle 0 192
6.11 Die serielle Schnittstelle 1 195
    6.11.1 Die Funktionsweise der seriellen Schnittstelle 1 195
    6.11.2 Die Programmierung der seriellen Schnittstelle 1 196

6.12 Das erweiterte Interrupt-System 197
    6.12.1 Die Funktionsweise des Interrupt-Systems 197
    6.12.2 Die Programmierung des Interrupt-Systems 201
6.13 Übersicht über die Special Function Registers 204
6.14 Übungen 205

Anhang A: Lösungen zu den Übungen **207**

Anhang B: Literatur **231**

1

Der 8051 und seine Nachfolger

1.1 Mikrokontroller

Mikrokontroller, auch Embedded Controller, Zielsystemkontroller oder Single Chip Controller genannt, sind in ein System oder Gerät eingebettet und für kleinere Steuerungs- und/oder Regelungsaufgaben zuständig. Sie enthalten neben dem Mikroprozessor-Kern immer auch Memory- und I/O-Ports. Typische Systeme dieser Art sind:

- **Vorverarbeitung für Zielsystem- oder Universalrechner**

  Ermittlung von Anreizen, Überwachen von Teilsystemen, Input/Output und Wandlung von Daten

- **Kommunikations-Endgeräte**

  Funktelefone, Komforttelefone, Funkgeräte

- **Bedienungsgeräte**

  Tastaturen, Anzeigegeräte

Mikrokontroller sind Bausteine, welche möglichst alle benötigten Funktionen einer Computer-Hardware in einem Bauelement vereinen. Dies führt zu kompakten, kostengünstigen Lösungen. Aufgrund des Anwendungsbereiches werden meist 8-Bit- oder 16-Bit-Prozessoren eingesetzt. Da alle benötigten Elemente im Baustein enthalten sein sollen, ist in den letzten Jahren eine grosse Anzahl solcher Bauelemente für typische Anwendungsbereiche entstanden. Einzelne Anbieter stellen dem Anwender Suchmaschinen im Internet zur Verfügung, um aus der Vielzahl von Bauelementen das Passende zu finden.

Neben den Funktionen wie Interrupt-Kontroller, Timer/Counter, Direct Memory Access und Universal Asynchronous Receiver/Transmitter (UART) enthalten Mikrokontroller immer auch Memory- und I/O-Ports und, je nach Ausprägung, folgende zusätzlichen Funktionen:

- A/D- und D/A-Wandler
- Pulsweitenmodulationseinrichtung
- Capture Unit (Zeit- und Frequenzmessungen)
- Kommunikationsschnittstellen (CAN-Bus, IEEE-Bus, USB usw.)
- Power-Save-Funktionen für Batteriebetrieb
- Ausfallsicherheitsfunktionen wie Watch Dog oder Parallelprozessoren.

Typische Mikrokontroller sind die Bausteine 80C51, 80C151, 80C152 von Intel, 80C517, C517A, 80166, C164, C165, C167 von Infineon (Siemens) oder 8xC591, 8xC51Fx von Philips.

1.2 Die wichtigsten Nachfolger des 8051

Im Jahr 1976 brachte die Firma Intel den ersten Single-Chip-Kontroller, den 8048, auf den Markt. Die zweite Generation der Kontroller folgte 1981 mit dem 8051. Dieser Kontroller wurde sehr schnell Industriestandard und von verschiedenen Firmen in unterschiedlichen Ausprägungen nachgebaut. Der eigentliche Rechnerkern ist aber bei allen kompatibel. Aus diesem Grund sind der 8051 und der entsprechende CMOS-Typ 80C51 die wichtigsten 8-Bit-Mikrokontroller. Es existieren kompatible sogenannte Second-Source-Produkte von Firmen wie Infineon (Siemens), Philips, AMD und OKI. Die meisten dieser Firmen bieten aber auch eine Vielzahl aufwärtskompatibler Versionen des 8051 mit den verschiedensten integrierten Funktionen an.

Die Abbildung 1.1 zeigt den 8051 und einige der daraus entstandenen Produkte der Firmen Intel, Infineon und Philips.

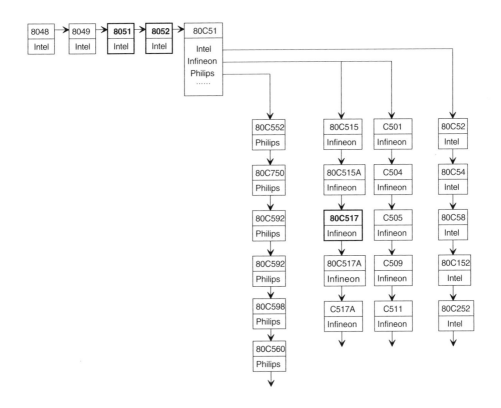

Abb. 1.1: Die Mikrokontroller-Familie 8051

Aufgrund seiner Wichtigkeit als Basis der ganzen Familie wird in den folgenden Kapiteln zuerst der Mikrokontroller 8051 beprochen. Als Beispiele für weitverbreitete Derivate werden zusätzlich die Mikrokontroller 8052 und 80C517 beschrieben. Die Modelle 8051 und 80C51 bzw. 8052 und 80C52 unterscheiden sich nur durch die eingesetzte Technologie (HMOS oder CHMOS) und damit verbunden andere Verlustleistungswerte.

1.3 Merkmale der besprochenen Typen

Die in den folgenden Kapiteln besprochenen Vertreter der 8051-Familie und ihre Systemmerkmale sind in der folgenden Tabelle ersichtlich:

Typ	Clock MHz	ROM KByte	RAM Byte	I/O Ports 8Bit	Timer/ Counter	Interrupt Vectors/ Levels	serial I/O	PWM	ADC Inputs/ Resolution
8051/80C51	16	4	128	4 I/O	2	5/2	UART	-	-
8031/80C31		-							
8751/87C51		4 EPROM							
8052/80C52	16	8	256	4 I/O	3	6/2	UART	-	-
8032/80C32		-							
8752/87C52		8 EPROM							
80C517	16	8	256	7 I/O + 1,5 I	4	14/4	2 UART	21	12/8
80C537		-							
80C517A		-				17/4			12/10
83C517A-5	18	32	256 + 2048						
C517A-L		-							
C517A-R	24	32							

PWM = Puls Width Modulation   ADC = Analog Digital Converter

Als Takt wurde in der Tabelle die Basisrate der Bausteine angegeben. Einzelne Hersteller liefern kompatible Bausteine mit höheren Taktraten und Bezeichnungen mit anderen Endungen.

Die Bausteine 80C517A und C517A sind aufwärtskompatible Nachfolgetypen des 80C517. Da sich die Änderungen auf einige wenige Ergänzungen bestehender Funktionen beschränken, wird im Buch nur der Grundbaustein 80C517 behandelt.

2

Architektur des 8051

2.1 Die Funktionseinheiten des 8051

Die Mikrokontroller 8051/8052 bestehen aus folgenden Funktionseinheiten:

- **Interner Datenspeicher**

    Der 8051 enthält 128 Byte, der 8052 hat ein auf 256 Byte erweitertes RAM.

- **Interner Programmspeicher**

    Der Programmspeicher ist je nach Typ des Bausteins unterschiedlich ausgebaut:

    - 8031/8032   kein interner Programmspeicher
    - 8051/8052   4 KByte/8 KByte internes ROM
    - 8751/8752   4 KByte/8 KByte internes EPROM

- **Rechnerkern**

  Der Rechnerkern enthält den Prozessor, den Oszillator, welcher das Taktsignal generiert, und die Buskontrolle für die Steuerung extern angeschalteter Einheiten. Folgende Signale sind vorhanden:

RESET	Rücksetzsignal: Der Prozessor startet an der Adresse 0.
XTAL-1/2	Signale für den Anschluss der Taktquelle.
ALE	Adress Latch Enable: wird benötigt, um die niederwertigen Adressleitungen in einem externen Latch zu speichern (siehe Abschnitt "Systemerweiterungen").
PSEN#	Programm Store Enable: spezielles Read-Signal für den Programmspeicher.
EA#	External Access: legt fest, ob im untersten Adressbereich der interne oder der externe Speicher aktiviert wird.

- **Interrupt-System**

  Das Interrupt-System besteht aus zwei Hardware-Interrupts und den Interrupts für die Timer und die serielle Schnittstelle.

- **Input/Output**

  Es stehen vier 8-Bit-Ports zur Verfügung, wobei für bestimmte Funktionen wie Interrupt und serielle Schnittstelle Bits der I/O-Ports verwendet werden und nicht mehr als normale I/O-Bits verfügbar sind.

- **Timer**

  Der 8051 enthält zwei Timer, welche als 8-Bit-Zähler mit Nachladeregister oder als 16-Bit-Zähler eingesetzt werden können. Der 8052 besitzt einen zusätzlichen 16-Bit-Timer.

- **Serielle Schnittstelle**

  Die Bausteine enthalten eine programmierbare serielle asynchrone Schnittstelle.

Die Abbildung 2.1 gibt einen Überblick über die Funktionen der Prozessoren 8051 und 8052.

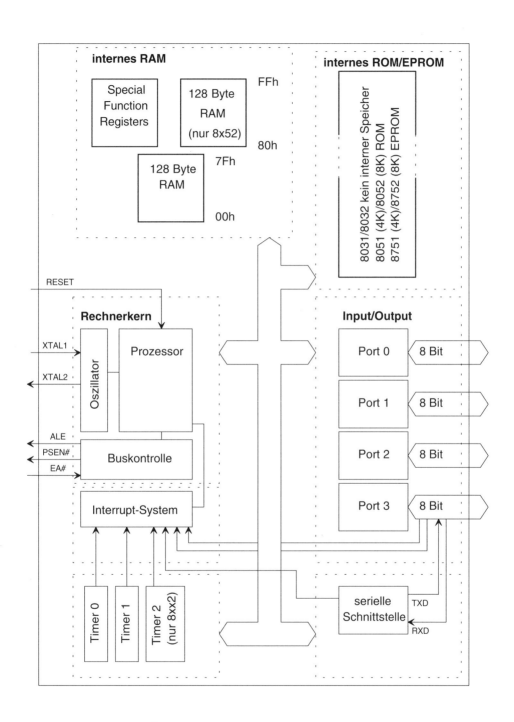

Abb. 2.1: Übersicht über die Funktionen des 8051 und des 8052

Die Kontroller können als Minimalsystem oder als erweiterte Systeme betrieben werden. Ein Minimalsystem besteht aus einem 8x51/52 und einer Taktquelle. Ein erweitertes System besteht aus einem 8x51/52 mit Taktquelle und nach Bedarf angeschaltetem externem Speicher und externem Input/Output. Die Abbildung 2.2 zeigt das Prinzip.

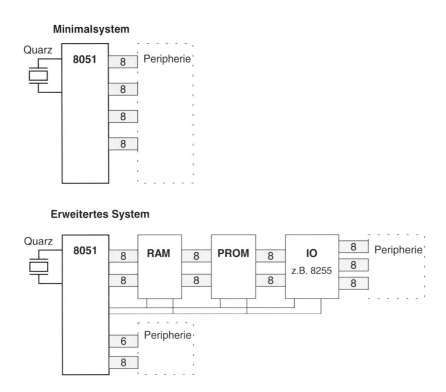

Abb. 2.2: Minimalsystem und erweitertes System

Wie die Abbildung 2.2 zeigt, gehen durch den Anschluss externer Einheiten I/O-Leitungen verloren. In den folgenden Abschnitten wird nur das Minimalsystem betrachtet. Die Problematik der erweiterten Systeme wird im Abschnitt "Systemerweiterungen" behandelt.

2.2 Die Speicherorganisation

Der 8051 besitzt zwei getrennte, adressmässig nebeneinander liegende Speicherbereiche für Daten und Programme à je maximal 64 KByte (Harvard-Architektur). Bei der Abarbeitung eines Programmes holt der Prozessor die Befehle aus dem Programmspeicher. Aktuelle Daten werden im Datenspeicher abgelegt. Je nach Befehl oder Tätigkeit wird auf den Programm- oder den Datenspeicher zugegriffen. Der Speicher kann im Kontroller integriert sein oder, bei erweiterten Systemen, auch extern angeschlossen werden. Beim Zugriff auf den externen Programmspeicher wird das Signal "Program Store Enable" (PSEN#), beim Zugriff auf den externen Datenspeicher werden die Signale "Read" (RD#) oder "Write" (WR#) aktiv. Mit dem Eingangssignal "Extern Access" (EA#) wird festgelegt, ob bei Zugriffen in den Adressraum des Programmspeichers auf den internen oder den externen Speicher zugegriffen wird. Ob der interne oder der externe Datenspeicher adressiert wird, hängt vom Befehlstyp ab. Die Abbildung 2.3 zeigt das Prinzip.

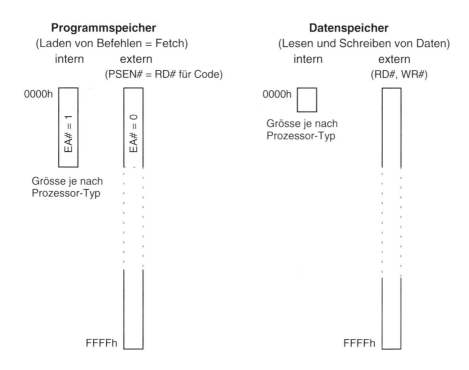

Abb. 2.3: Programm- und Daten-Speicher

2.3 Der Programmspeicher

Der 8051 enthält vier KByte und der 8052 acht KByte internes ROM (8751/8752 EPROM). Die Bausteine 8031 bzw. 8032 enthalten keinen internen Programmspeicher und müssen als erweiterte Systeme betrieben werden.

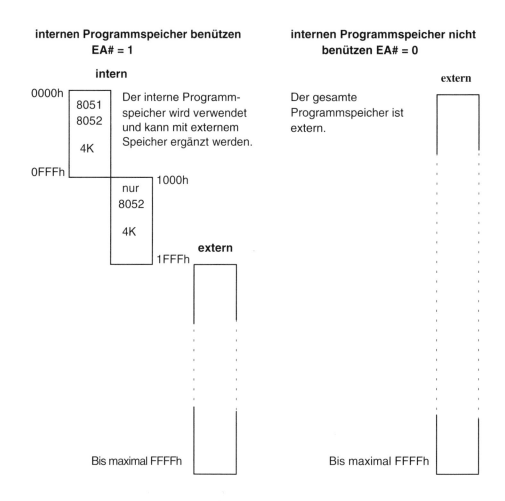

Abb. 2.4: Programmspeicher

Die Abbildung 2.4 zeigt die Funktion des Signals EA#. Ist das Signal EA# = 1, so wird ab Adresse 0 der interne Programmspeicher verwendet. Je nach Bausteintyp sind das 4 oder 8 KByte. Für höhere Adressen wird der externe Speicher adressiert. Bei EA# = 0 werden die Befehle ab Adresse 0 aus dem externen Speicher geladen.

2.4 Der Datenspeicher

Der interne Datenspeicher ist aufgeteilt in den unteren RAM-Bereich, den oberen RAM-Bereich, welcher nur beim 8x52 vorhanden ist, und den Bereich der Special Function Registers (SFR).

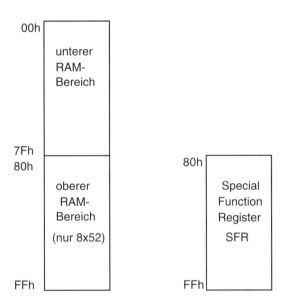

Abb. 2.5: Der interne Datenspeicher

Je nach Bereich muss unterschiedlich auf die Daten zugegriffen werden. Die Zugriffsart bestimmt, welcher Speicher adressiert wird. Im oberen Adressbereich von 80h–FFh liegen die "Special Function Registers" (SFR), und beim 80x2 liegt parallel dazu der obere RAM-Bereich. Der Prozessor unterscheidet die beiden Bereiche durch unterschiedliche Adressierungsarten. Der obere RAM-Bereich ist ein allgemeiner Datenbereich und kann nur mit indirekter Adressierung erreicht werden.

```
Beispiel:       MOV     R0,#86h        ;Adresse im oberen
                MOV     @R0,A          ;RAM-Bereich
```

Der Bereich der "Special Function Registers" (SFR) enthält alle für die Steuerung des 8051 notwendigen Register und wird immer mit direkter Adressierung angesprochen.

```
Beispiel:       MOV     86h,R0         ;Adresse im SFR-Bereich
```

2.4.1 Der untere RAM-Bereich

Der untere RAM-Bereich (128 Byte) steht zur freien Verfügung. Jedes Byte ist direkt (mit der Speicheradresse) oder indirekt (über die Register R0 oder R1) adressierbar.

Es existieren jedoch folgende speziellen, reservierten Bereiche:

- **Register**

    Der Prozessor benutzt acht Register R0–R7. Ein Satz solcher acht Register wird als "Registerbank" bezeichnet. Der Prozessor kennt vier solche Registerbanken. Eine davon ist jeweils die aktive Registerbank, und deren acht Register können mit R0–R7 angesprochen werden. Durch Verändern des Programmstatuswortes kann eine der vier Registerbanken als die aktive definiert werden. Die Registerbanken liegen an den folgenden Speicherplätzen:

    Registerbank 0: Bytes 0 7
    Registerbank 1: Bytes 8 15
    Registerbank 2: Bytes 16 23
    Registerbank 3: Bytes 24 31

- **Stack**

    Die Aufgabe des Stack ist es, Daten in einer "Last In First Out"-(LIFO)-Organisation zu speichern. Die Daten sind meistens Rücksprungadressen bei einem Unterprogrammaufruf oder die Unterbrechungsadresse eines Interrupt.

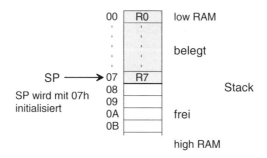

Abb. 2.6: Der Stack

Wo der Stack liegt, wird durch ein Zeigerregister, den Stackpointer, bestimmt. Der Stackpointer ist ein 8-Bit-Register und kann somit den gesamten internen Adressbereich des Datenspeichers abdecken. Der Stack wächst zu den höheren Adressen (entgegen üblicher Intel-Konvention), wobei der Stackpointer immer auf das oberste belegte Element zeigt. Der Stackpointer ist nach einem Reset mit 7 initialisiert, d.h., die erste Speicherstelle, welche im Stack beschrieben wird, ist die Speicherstelle mit der Adresse 8. Die benötigte Stack-Grösse hängt vom jeweiligen Programm ab und muss durch den Programmierer ermittelt werden. Der Stackpointer darf beim 8051 nie grösser als 7Fh werden, da oberhalb dieser Adresse nicht indirekt adressiert werden kann. Beim 8052 darf der Stackpointer den Wert FFh nicht überschreiten, da sonst die Register überschrieben werden (Modulo 256). Es ist darauf zu achten, dass der Stack benutzte Registerbanken oder Teile des Bit-Bereiches nicht überschreiben kann. Beim 8052 wird der Stack meist in den Bereich ab 80h gelegt (nur indirekt adressierbarer Speicher).

- **Bit-Bereich**

Der Bit-Bereich ist eine Spezialität der 8051-Familie. Es handelt sich dabei um einen Speicherbereich, welcher auch Bit-adressierbar ist.

Die Bits der Bytes 20h–2Fh (also 16 Bytes) sind als Einzel-Bits adressierbar, und mittels spezieller Befehle kann man diese Bits setzen, löschen, testen und mit andern logisch verknüpfen. Dabei ist jedem Bit eine Bit-Adresse von 00–7Fh fest zugeordnet. Die Abbildung 2.7 zeigt die Zuordnung der Bit-Adressen 00–7Fh zu den Byte-Adressen 20h–2Fh.

Byte-Adressen	Bit 7							Bit 0
20h	07h	06h	05h	04h	03h	02h	01h	00h
21h	0Fh							08h
22h	17h							10h
2Eh	77h							70h
2Fh	7Fh							78h

Abb. 2.7: Bit-Bereich

Übersicht über den unteren RAM-Bereich

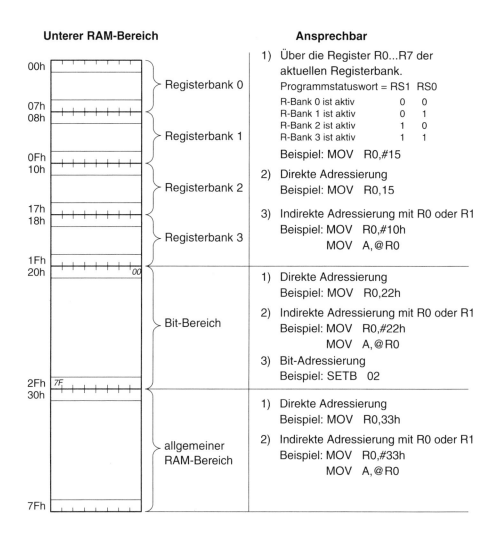

Abb. 2.8: Übersicht über den unteren RAM-Bereich

Bemerkung: # bedeutet immediate Adressierung
@ bedeutet indirekte Adressierung (nur mit R0 und R1)

2.4.2 Die Special Function Registers (SFR)

a) Prinzip der Special Function Registers

Alle Informationen für die Steuerung des Prozessors wie "Processor Status Word" (PSW) oder "Stackpointer" (SP) sowie die Steuerinformationen für die integrierten Funktionen wie Timer, Interrupt-Kontroller, serielle Schnittstellen usw. werden in sogenannten Special Function Register (SFR) gespeichert. Diese Special Function Registers wirken wie Datenspeicher und liegen im Adressbereich 80h–0FFh. Von den 128 Byte sind nicht alle verwendet. Nicht benutzte Adressen haben keine Bedeutung (also auch kein RAM) und sind für neuere Kontroller mit erweiterten Funktionen reserviert. Wie bereits erwähnt, unterscheidet der Prozessor die beiden Bereiche oberer RAM-Bereich (8052) und Special Function Registers durch unterschiedliche Adressierungsarten. Der Bereich der Special Function Registers kann nur mit direkter Adressierung angesprochen werden, der obere RAM-Bereich ist nur indirekt adressierbar.

Alle 128 Adressen sind als Bytes ansprechbar. Die 16 Speicheradressen mit der Endziffer 0 oder 8 können zusätzlich mit speziellen Befehlen Bit-weise adressiert werden. Die Abbildung 2.9 zeigt das Prinzip.

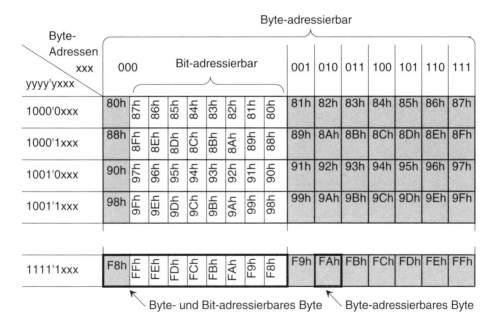

Abb. 2.9: Bit-adressierbare Special Function Registers

16   Architektur des 8051

Da pro Bit-adressierbares Byte acht Bit-Adressen benötigt werden und gleich viele Byte- und Bit-Adressen existieren (128), kann nur jedes achte Byte Bit-adressiert werden. Die Abbildung 2.9 zeigt die Zuordnung der Bit-Adressen zu den Adressen der SFR. Es sind pro Zeile immer acht Bytes dargestellt (z.B. 80h, 81h...87h), wobei jeweils das erste Byte der Zeile Bit-adressierbar ist. Die Adressen der acht Bytes werden als Bit-Adressen für das erste Byte der Zeile verwendet.

Die zwei folgenden Beispiele verdeutlichen das Prinzip. Der erste Befehl (MOV) arbeitet mit Byte-Adressierung und der zweite Befehl (SETB) mit Bit-Adressierung.

Beispiel 1:

```
ORL     80h,#00000001b   ;setzt Bit 0 der Adresse 80h
                         ;Byte-adressiert
SETB    80h              ;setzt Bit 0 der Adresse 80h
                         ;Bit-adressiert
```

In beiden Fällen wird das Bit 0 der Byte-Adresse 80h auf Eins gesetzt.

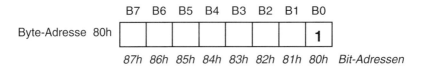

Beispiel 2:

```
ORL     81h,#00000001b   ;setzt Bit 0 der Adresse 81h
                         ;Byte-adressiert
SETB    81h              ;setzt Bit 1 der Adresse 80h
                         ;Bit-adressiert
```

Im ersten Fall wird das Bit 0 der Byte-Adresse 81h, im zweiten Fall das Bit 1 der Byte-Adresse 80h auf Eins gesetzt.

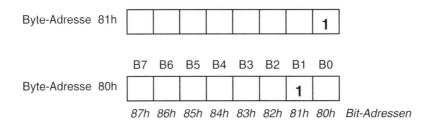

Trotz gleicher Befehlsfolge wird also im zweiten Fall, aufgrund der Adresse, etwas ganz anderes erreicht.

b) Übersicht über die Special Function Registers

Die folgende Abbildung zeigt eine Übersicht über die Special Function Registers. Im oberen Teil jedes Feldes steht die Byte-Adresse, im unteren Teil die Funktion. Die leeren Felder sind nicht benutzt. Kursiv geschriebene Einträge gelten nur für den 8x52.

yyyy'yxxx	000	001	010	011	100	101	110	111
1000'0xxx	80h P0	81h SP	82h DPL	83h DPH	84h	85h	86h	87h PCON
1000'1xxx	88h TCON	89h TMOD	8Ah TL0	8Bh TL1	8Ch TH0	8Dh TH1	8Eh	8Fh
1001'0xxx	90h P1	91h	92h	93h	94h	95h	96h	97h
1001'1xxx	98h SCON	99h SBUF	9Ah	9Bh	9Ch	9Dh	9Eh	9Fh
1010'0xxx	A0h P2	A1h	A2h	A3h	A4h	A5h	A6h	A7h
1010'1xxx	A8h IE	A9h	AAh	ABh	ACh	ADh	AEh	AFh
1011'0xxx	B0h P3	B1h	B2h	B3h	B4h	B5h	B6h	B7h
1011'1xxx	B8h IP	B9h	BAh	BBh	BCh	BDh	BEh	BFh
1100'0xxx	C0h	C1h	C2h	C3h	C4h	C5h	C6h	C7h
1100'1xxx	C8h *T2CON*	C9h	CAh *RCAP2L*	CBh *RCAP2H*	CCh *TL2*	CDh *TH2*	CEh	CFh
1101'0xxx	D0h PSW	D1h	D2h	D3h	D4h	D5h	D6h	D7h
1101'1xxx	D8h	D9h	DAh	DBh	DCh	DDh	DEh	DFh
1110'0xxx	E0h ACC	E1h	E2h	E3h	E4h	E5h	E6h	E7h
1110'1xxx	E8h	E9h	EAh	EBh	ECh	EDh	EEh	EFh
1111'0xxx	F0h B	F1h	F2h	F3h	F4h	F5h	F6h	F7h
1111'1xxx	F8h	F9h	FAh	FBh	FCh	FDh	FEh	FFh

Bit-adressierbare SFR ↓ (xxx)

Abb. 2.10: Übersicht über die Special Function Registers

c) Die Bedeutung der einzelnen Special Function Registers

Die Register haben folgende Bedeutung. Die Details werden in den folgenden Kapiteln erklärt.

P0	Input/Output Port 0	(Bit-adressierbar)
P1	Input/Output Port 1	(Bit-adressierbar)
P2	Input/Output Port 2	(Bit-adressierbar)
P3	Input/Output Port 3	(Bit-adressierbar)

SP   Stackpointer

DPL   Datapointer Low und High
DPH   (wird für den Zugriff auf das externe RAM verwendet)

PCON   Power Control (Power down Mode)

TCON   Timer-Steuerung
TMOD   (siehe Abschnitt "Die Timer/Counters")
TL0, TL1
TH0, TH1

SCON   Serielle Schnittstelle
SBUF   (siehe Abschnitt "Die serielle Schnittstelle")

IP   Interrupt Priority (siehe Abschnitt "Das Interrupt-System")
IE   Interrupt Enable

PSW   Processor Status Word

ACC   Accumulator (für viele Befehle bevorzugtes Register)
            Das Symbol ACC steht für das SFR mit der Adresse 0E0h.
            In vielen Befehlen wird für den Accumulator das Symbol A
            verwendet (siehe Befehlssatz)

B   Register B (wird für spezielle Befehle verwendet)

Zusätzliche SFR für den 8052:

T2CON   Steuerung für den zusätzlichen Timer des 8052
TL2, TH2
RCAP2L
RCAP2H

2.5 Der Rechnerkern

2.5.1 Überblick

Der 8051 enthält den Rechnerkern und die integrierten Zusatzfunktionen, welche im Kapitel 3 besprochen werden. Die Abbildung 2.11 zeigt ein Blockschaltbild des Aufbaus.

Der Rechnerkern besteht aus folgenden Einheiten:

- **Arithmetic and Logic Unit (ALU)**
  Die ALU ist das Rechenwerk des Mikrokontrollers. In ihr werden alle logischen und arithmetischen Operationen durchgeführt. Zur ALU gehören die Temporär-Register. Sie sind nicht sichtbar und führen der ALU die zu verarbeitenden Werte zu. Das Resultat steht immer im Register A. Zusätzlich werden als Resultat einer ALU-Operation die Zustands-Bits in den sogenannten Flags gespeichert, welche im Program Status Word (PSW) zusammengefasst sind. Diese Flags können mit bedingten Sprungbefehlen abgefragt werden (siehe Abschnitt "Der Befehlssatz des 8051").

- **Register**
  Es sind folgende Register vorhanden:

    - Die Arbeitsregister R0–R7.

    - Die Hilfsregister A und B.

    - Der Stackpointer definiert die Lage des Stack im Datenspeicher.

    - Das Power Control Register (PCON) enthält die Steuer-Bits für die Leistungsreduzierung.

    - Im Instruktionsregister wird der aktuelle Befehlscode gespeichert. Dieser steuert via die Einheit "Timing and Control" den Ablauf des Befehls.

- **Oszillator**
  Der Oszillator wird mit einer externen Taktquelle von 4–16 MHz verbunden und liefert den Takt für die interne Steuerung. Jeweils 12 solche Takte bilden einen Maschinenzyklus. Die meisten Befehle werden in einem solchen Zyklus abgearbeitet. Ein mit 16 MHz getakteter Prozessor führt also ca. 1.3 Millionen Instruktionen pro Sekunde aus.

- **Timing and Control**
  Die Einheit steuert die internen Abläufe und ist für die Buskontrolle zuständig. Folgende Signale führen auf die Timing and Control Unit:

  RST   Rücksetzsignal (RESET): Der Prozessor startet an der Adresse 0.

  ALE   Adress Latch Enable: wird benötigt, um die niederwertigen Adressleitungen in einem externen Latch zu speichern. Das Signal wird auch für die Programmierung des internen EPROM verwendet (PROG).

  PSEN#   Program Store Enable: spezielles Read-Signal für den externen Programmspeicher.

  EA#   External Access: Legt fest, ob im untersten Adressbereich der interne oder externe Speicher aktiviert wird. Das Signal wird auch für die Programmierung des EPROM verwendet (VPP).

- **Adressierung von Programm- und externem Datenspeicher**
  Der externe Speicher und I/O werden über Port 0 und Port 2 gesteuert (siehe Abschnitt "Systemerweiterungen").

  Der externe Datenspeicher wird über ein 16-Bit-Register mit dem Namen "Datapointer" (DPTR) angesprochen. Das Register kann über die zwei 8-Bit-Registernamen DPL und DPH geladen werden.

  Der Programmspeicher wird über den Program-Counter (PC) adressiert. Dieser ist für den Programmierer nicht direkt sichtbar und wird durch Reset (PC = 0) und Sprungbefehle beeinflusst. Bei einem Fetch-Zyklus (Laden des nächsten Befehls in das Instruktionsregister) wird die im PC gespeicherte Adresse an das interne ROM/EPROM oder über P0 und P2 an den externen Speicher geleitet.

  Im Programmspeicher sind die folgenden Adressen von besonderer Bedeutung:

       0000h   Einsprungstelle bei Reset
       0003h   Start des Interrupt-Einsprung-Bereiches
                       (siehe Abschnitt "Das Interrupt-System")

Der Rechnerkern 21

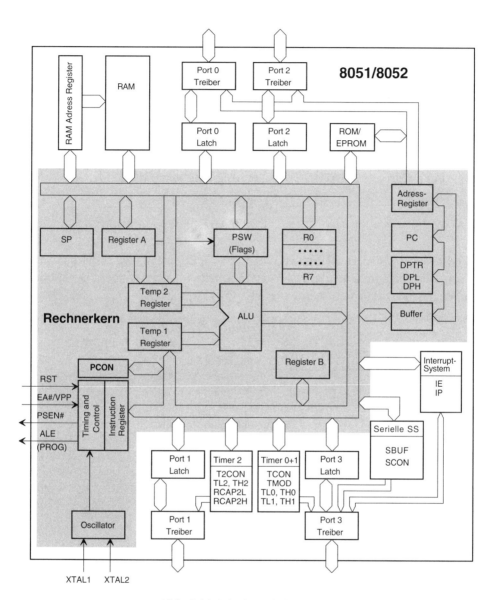

Abb. 2.11: Blockschaltbild 8051

2.5.2 Die Flags und das PSW

Einer der wichtigsten Teile der CPU ist die Arithmetisch-Logische Einheit (ALU). In der ALU werden die arithmetischen und logischen Operationen ausgeführt. Der ALU angeschlossen sind die Status-Bits oder Flags, welche Ergebnisse von arithmetischen und logischen Operationen festhalten. Es sind folgende Flags vorhanden:

- Carry-Flag   (CY)   Übertrag von Bit 7
- Hilfs-Carry   (AC)   Übertrag Bit 3 nach Bit 4
- Overflow   (OV)   Integer Überlauf
- Parity   (P)   1 falls Anzahl gesetzte Bit in A = ungerade

Die Flags sind im Prozessor Status Word (PSW) abgelegt. Die CPU kann mit einem von vier verschiedenen Registersätzen arbeiten. Im PSW muss der momentan aktive Registersatz definiert werden (RS1, RS0).

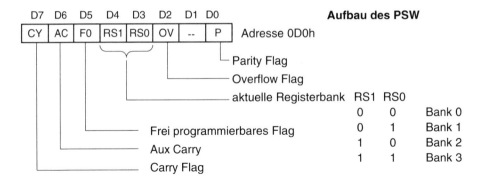

Abb. 2.12: Prozessor Status Word (PSW)

Das PSW liegt an der Adresse 0D0h im SFR-Bereich und ist somit Bit-adressierbar. Das folgende Beispiel definiert die Registerbank 2 als aktive Registerbank.

```
        CLR     RS0
        SETB    RS1
```

Das Symbol CY steht für die Bitadresse 0D7h. In vielen Befehlen wird für das Carry Flag jedoch das Symbol C verwendet.

```
        SETB    C               ;C ist im Befehlscode enthalten
        JB      CY,loop         ;Befehl mit Bitadresse CY
```

2.5.3 Reset

Durch Anlegen eines positiven Pulses an die Reset-Leitung (RST) wird der Prozessor zurückgesetzt. Dabei werden folgende Werte initialisiert:

- PC   = 0000   Start bei Adresse 0
- SFR   = 00   Ausnahmen Ports und SP
- Ports   = FFh
- SP   = 07
- PSW (alle Flag) = 00   d.h., Registerbank 0 ist selektiert

Das interne RAM, und damit auch die Register, werden bei einem Reset nicht verändert. Nach einem Power-up-Restart ist der Inhalt des internen Speichers mit Ausnahme der oben erwähnten Adressen jedoch undefiniert.

Beim Einschalten der Spannung muss unbedingt auch ein Reset ausgelöst werden, da der Prozessor sonst an einer nicht definierten Adresse mit der Abarbeitung von Befehlen beginnt. Dies kann mit der folgenden Schaltung realisiert werden.

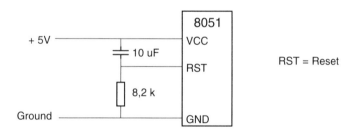

Abb. 2.13: Beschaltung der Reset-Leitung

24 Architektur des 8051

2.5.4 Leistungsreduzierung

In vielen Anwendungen ist es äusserst wichtig, die Leistungsaufnahme so gering wie nur möglich zu halten (z.B. bei Batteriebetrieb). In diesen Fällen werden CMOS-Versionen der 8051-Kontroller eingesetzt (z.B. 80C51), welche eine um Faktoren kleinere Verlustleistung aufweisen als die normalen HMOS-Bausteine. Zusätzlich verfügen die CHMOS-Kontroller der 8051-Familie über zwei weitere Zustände, welche eine drastische Leistungsreduktion erlauben. Die Zustände haben folgende Bedeutung:

- **Idle Mode**

  Im Idle Mode wird der CPU kein Takt mehr zugeführt. Die Timer-, die seriellen Port- und die Interrupt-Funktionen arbeiten normal. Alle Register- und Speicherinhalte bleiben erhalten. Der Idle Mode kann nur durch Reset oder einen Interrupt verlassen werden. Die Leistungsverbrauch gegenüber dem normalen Betriebszustand ist ca. 10mal kleiner.

- **Power Down Mode**

  Im Power Down Mode werden alle Aktivitäten des Prozessors eingestellt. Dieser Mode kann nur durch einen Reset verlassen werden. Alle Register- und Speicherinhalte bleiben erhalten. Die Leistungsverbrauch gegenüber dem normalen Betriebszustand ist typisch ca. 2000mal kleiner.

Der Idle Mode und der Power Down Mode können per Software durch Setzen der Bits IDL (Idle) bzw. PD (Power Down) im Power Control Register (PCON) eingeleitet werden.

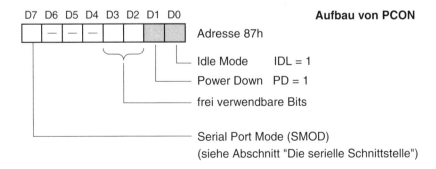

Abb. 2.14: Aufbau des Prozessor Control Register (PCON)

2.6 Systemerweiterungen

2.6.1 Das Prinzip der Systemerweiterung

Alle Kontroller der 8051-Familie bieten die Möglichkeit, zusätzlich extern Speicher und I/O anzuschalten. Dabei müssen allerdings Input/Output-Ports geopfert werden. Die Abbildung 2.15 zeigt das Prinzip der externen Systembus-Schnittstelle.

Über die Port 0 werden im Zeitmultiplex die Adressen A0–A7 ausgegeben und die Daten-Bits transferiert. Das Signal "Adress Latch Enable" (ALE) zeigt an, dass Adressinformation anliegt. Mit diesem Signal werden die Adressbits A0–A7 in einem Latch (z.B. 74573) gespeichert. Über die Port 2 werden die Adress-Bits A8–A15 ausgegeben.

Da die Kontroller der 8051-Familie getrennte, nebeneinander liegende Adressräume für Daten und Programme besitzen, müssen Daten- und Programmspeicher getrennt freigegeben werden. Dies geschieht für den Programmspeicher mit dem Signal "Program Store Enable" (PSEN#) und für den Datenspeicher mit den Signalen "Read" (RD#) und "Write" (WR#).

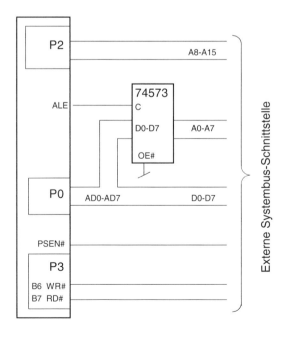

Abb. 2.15: Systembus-Schnittstelle

2.6.2 Beispiel für ein erweitertes System

In der Abbildung 2.16 ist die Realisierung einer externen Erweiterung mit Speicher und I/O ersichtlich. Da der 8051 keinen eigenen I/O-Adressraum besitzt, muss ein Teil des Adressraumes für diesen Zweck verwendet werden (Memory mapped I/O). Es wird ein 8051 ohne internes ROM, also ein 8031, verwendet.

Der Adressraum ist in unserem Beispiel wie folgt aufgeteilt:

0000h–7FFFh   32 KByte grosses externes EPROM als Programmspeicher.

                  Für die Adressierung im Baustein werden 15 Adressleitungen (A0–A14) benötigt. Das Chip-Select-Signal "CS#" wird mit der Adressleitung A15 generiert. Bei A15 = 0 wird also das EPROM aktiviert und liegt somit in den unteren 32 KByte Adressraum. Der Ausgangstreiber wird durch das Signal "PSEN#" niederohmig geschaltet.

8000h–BFFFh   16 KByte grosses RAM als externer Datenspeicher.

                  Für die Adressierung im Baustein werden 14 Adressleitungen (A0–A13) benötigt. Das Chip-Select-Signal "CS#" wird generiert, indem die invertierte Adressleitung A14 und die Adressleitung A15 mit einem NAND-Baustein verknüpft werden. Bei A15 = 1 und A14 = 0 wird also das RAM aktiviert und liegt im Adressbereich 8000h–BFFFh. Die Funktion Read/Write des RAM und der Ausgangstreiber werden durch die Signale "RD#" und "WR#" gesteuert.

CFFFh–FFFFh   3 Byte zusätzliche I/O-Leitungen

                  Da durch die Anschaltung von EPROM und RAM mehr als die Hälfte der I/O-Leitungen des 8051 verlorengehen, müssen meist auch zusätzlich ein oder mehrere I/O-Bausteine wie z.B. ein Baustein 8255 angeschaltet werden. Es ist zu beachten, dass in unserem Beispiel der Baustein 8255 16 KByte Adressraum belegt, da die Dekodierung unvollständig ist.

Systemerweiterungen 27

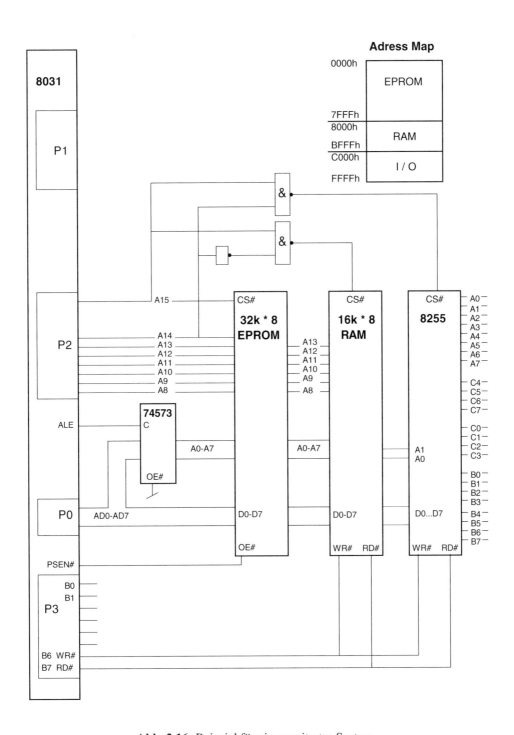

Abb. 2.16: Beispiel für ein erweitertes System

2.7 Der Befehlssatz des 8051

2.7.1 Übersicht über den Befehlssatz

Der Befehlssatz kann in folgende Gruppen unterteilt werden:

- **Datentransferbefehle**
  Verschieben von Daten zwischen Programmspeicher, internem und externem Datenspeicher, Registern und Special-Function-Registern.
- **Arithmetische Befehle**
  Arithmetische Grundfunktionen Addition, Subtraktion, Multiplikation und Division.
- **Logische Befehle**
  Logische Grundfunktionen UND, ODER, Exklusiv ODER und NOT.
- **Bit-orientierte Befehle**
  Setzen, Löschen und logisches Verknüpfen einzelner Bits.
- **Rotationsbefehle**
  Links- und Rechtsrotieren von Bit-Mustern.
- **Programmverzweigungen**
  Bedingte und unbedingte Sprungbefehle für die Realisierung von Programmstrukturen.
- **Unterprogramme**
  Aufruf von Funktionen.

Eine Spezialität der 8051-Familie ist die Möglichkeit, Informationen nicht nur Byte-weise, sondern auch Bit-weise zu verarbeiten.

In den folgenden Abschnitten werden die wichtigsten Eigenschaften des Befehlssatzes und die Befehle vorgestellt.

2.7.2 Die Adressierungsarten

- **Register-Adressierung**

  Der Befehl enthält ein Register (R0–R7). Es wird immer das Register der aktuellen Registerbank adressiert.

  Beispiel: MOV   R0,A

- **Immediate-Adressierung**

  Der Befehl enthält eine Konstante, welche direkt auf den Befehl im Speicher folgt (immediate).

  Beispiel: MOV   R0,#15   ; (# bedeutet immediate)

- **Direkte Adressierung**

  Der Befehl enthält die Adresse eines Speicher-Operanden (Direkte Adresse = Dadr). Nur das interne RAM und die SFR können direkt adressiert werden.

  Beispiel: MOV   R0,35h
                 MOV   R0,symbolische_adresse

- **Indirekte Adressierung**

  Der Befehl enthält ein Register, welches die Adresse des Operanden enthält. Für den Zugriff auf das interne RAM können die zwei Register R0 und R1 der aktuellen Registerbank, für den Zugriff auf das externe RAM ein 16-Bit-Datenpointer (DPTR) verwendet werden.

  Beispiel: MOV   @R0,A   ; (@ bedeutet indirekt)
                 MOVX   R3,@DPTR

  Der Befehl MOV wirkt auf den internen, der Befehl MOVX auf den exteren Datenspeicher (siehe Abschnitt "Spezielle MOV-Befehle").

Die im Assembler vordefinierten Symbole sind im Kapitel "Die Entwicklungsumgebung" beschrieben.

2.7.3 Datentransferbefehle

Die Transferbefehle verschieben Daten von einem Source-Operanden zu einem Destination-Operanden. Der Source-Operand bleibt unverändert. Es werden keine Flags beeinflusst.

a)　　universeller MOV-Befehl

```
MOV   dest_op,source_op
```
　　　　　　　　　　　　　　　　Laden des dest_op mit dem source_op

dest_op \ source_op	A	Rr	@Ri	Dadr	#k8
A	—	X	X	X	X
Rr	X	—	—	X	X
@Ri	X	—	—	X	X
Dadr	X	X	X	X	X

Legende
A   = Accu
Rr   = R0...R7
@Ri = @R0, @R1
Dadr = direkte Adresse (8Bit)
#k8 = 8-Bit-Konstante
#k16 = 16-Bit-Konstante

-- nicht möglich
X möglich

Beispiele:

```
MOV    A,R3         ; Lade A mit dem Wert in R3
MOV    R4,A         ; Lade R4 mit dem Wert in A
MOV    A,@R0        ; Lade A mit dem Wert, welcher
                    ; durch R0 adressiert wird
MOV    A,var_x      ; Lade A mit dem Wert in var_x
MOV    var_y,R5     ; Speichere den Wert in R5 in var_y
MOV    x,y          ; Speichere y in x
MOV    R4,#15       ; Speichere die Konstante 15 in R4
MOV    x,#0F5h      ; Speichere die Konstante 0F5h in x
```

b) Spezielle MOV-Befehle

Neben den im Abschnitt "universeller MOV-Befehl" aufgeführten Befehlsvarianten sind folgende speziellen Datentransferbefehle möglich.

MOV	DPTR,#k16	Laden des DPTR mit einer 16-Bit-Konstanten
MOV	C,Bitadr	Lade das Carry Flag mit Inhalt von Bitadr
MOV	Bitadr,C	Speichere das Carry Flag nach Bitadr
PUSH	Dadr	Speichern des Inhalts der Speicherzelle Dadr auf den Stack
POP	Dadr	Laden des Inhalts der Speicherstelle Dadr vom Stack
XCH	A,Rr	Vertauschen des Inhalts der Operanden
XCH	A,Dadr	(exchange)
XCH	A,@Ri	
MOVC	A,@A+DPTR	Laden des Akkus mit dem Wert an der Adresse A + DPTR
MOVC	A,@A+PC	oder A + PC im Codespeicher (= table lookup)
MOVX	A,@DPTR	Laden des Akkus mit dem Wert an der Adresse DPTR im externen Datenspeicher
MOVX	A,@Ri	Laden des Akkus mit dem Wert an der Adresse Ri im externen Datenspeicher. Es kann nur auf die untersten 256 Adressen zugegriffen werden
MOVX	@DPTR,A	Speichern des Wertes in A im externen
MOVX	@Ri,A	Datenspeicher an die Adresse, welche in DPTR oder Ri (i = 0,1) steht.

Beispiele:

```
MOV    DPTR,#tab1      ; lade die Adresse von tab1 in DPTR und
MOVX   A,@DPTR         ; lade den durch DPTR adressierten Wert
                       ; aus dem externen Datenspeicher in A
MOV    DPTR,#tab2      ; lade die Adresse von tab2 in
MOVX   @DPTR,A         ; DPTR und speichere den Wert in A an
                       ; der durch DPTR adressierten Stelle im
                       ; externen Datenspeicher

PUSH   ACC             ; Speichere den Akku auf den Stack
```

2.7.4 Arithmetische Befehle

a) Addition und Subtraktion

Die arithmetischen Operationen ADD, ADDC und SUBB bearbeiten vorzeichenlose Werte und Werte in Komplement-zwei-Darstellung.

$$\left.\begin{matrix}\text{ADD}\\\text{ADDC}\\\text{SUBB}\end{matrix}\right\} \text{A,} \left.\begin{matrix}\text{Rr}\\\text{Dadr}\\\text{@Ri}\\\text{\#k8}\end{matrix}\right\}$$ Addiere den Source-Operanden zu A
Addiere den Source-Operanden und das Carry zu A
Subtrahiere den Source-Operanden und den Borrow von A
Beeinflusste Flags: C, OV, AC

Das Resultat wird immer in A gespeichert. Es existiert kein SUB-Befehl. Bei Verwendung des SUBB-Befehls als SUB-Befehl muss vorgängig das Carry-Flag gelöscht werden.

Beispiel: 16-Bit-Addition R7:R6 := R5:R4 + R3:R2

```
MOV     A,R2     ; Lade R2 in A
ADD     A,R4     ; Addiere das Register R4 zu A
MOV     R6,A     ; Speichere Ergebnis(Low) in R6
MOV     A,R3     ; Lade R3 in A
ADDC    A,R5     ; Addiere das Register R5 zu A unter
                 ; Beruecksichtigung eines Uebertrages
MOV     R7,A     ; Speichere Ergebnis(High) in R7
```

b) Inkrement und Dekrement

$$\left.\begin{matrix}\text{INC}\\\text{DEC}\end{matrix}\right\} \left.\begin{matrix}\text{A}\\\text{Rr}\\\text{Dadr}\\\text{@Ri}\end{matrix}\right\}$$ Inkrementiere den Source-Operanden oder dekrementiere den Source-Operanden um Eins
Beeinflusste Flags: keine

    INC   DPTR   Inkrementiere den Data Pointer
                          Beeinflusste Flags: keine

Beispiele:

```
INC     R5       ; Inkrementiere R5
DEC     xy       ; Dekrementiere xy
INC     DPTR     ; Inkrementiere den Data Pointer
```

c) Vorzeichenlose Multiplikation und Division

MUL AB Multipliziere Register A mit B.
Ergebnis: High in B, Low in A.
Die Operanden werden überschrieben.
Gültiger Operand ist: nur AB
Beeinflusste Flags: C = 0
falls Produkt > 0FFh: OV = 1, sonst OV = 0

DIV AB Dividiere Register A durch B.
Ergebnis: Rest in B, Quotient in A.
Die Operanden werden überschrieben.
Gültiger Operand ist: nur AB
Beeinflusste Flags: C = 0, OV = 0
Division durch Null: C = 0, OV = 1

Beispiele:

```
MOV    A,x            ; Multipliziere die 8-Bit-Werte
MOV    B,y            ; x und y und speichere
MUL    AB             ; das Resultat in
MOV    res_high,B     ; res_high und res_low
MOV    res_low,A
```

d) BCD-Korrektur

DA A Decimal Adjust Accu. BCD-Korrektur des Akku (zwei BCD-Ziffern) nach einem Additionsbefehl.
Beeinflusste Flags: C, AC

Beispiel:

```
MOV    A,bcd_1        ; Addiere zwei BCD-Variabeln
ADD    A,bcd_2
DA     A              ; und führe die BCD-Korrektur
MOV    res,A          ; durch
```

2.7.5 Logische Befehle

$$\begin{Bmatrix} \text{ANL} \\ \text{ORL} \\ \text{XRL} \end{Bmatrix} \quad \text{A,} \begin{Bmatrix} \text{Rr} \\ \text{Dadr} \\ \text{@Ri} \\ \text{\#k8} \end{Bmatrix}$$

Verknüpfe A mit dem Source-Operanden

Beeinflusste Flags: P

$$\begin{Bmatrix} \text{ANL} \\ \text{ORL} \\ \text{XRL} \end{Bmatrix} \quad \text{Dadr,} \begin{Bmatrix} \text{A} \\ \text{\#k8} \end{Bmatrix}$$

Verknüpfe den Wert an der Adresse Dadr mit dem Source-Operanden

Beeinflusste Flags: P

Beispiele:

```
ANL   A,#0Fh           ; loesche Bits 4-7 in A
ORL   A,#10000000B     ; setze Bits 7 in A
XRL   xy,#07h          ; invertiere Bits 0-2 in xy
```

2.7.6 Akku-Hilfsbefehle

SWAP A   Tausche die Bits 0–3 mit den Bits 4–7 des A
Beeinflusste Flags: keine

CPL A   Komplementiere A (Einerkomplement)
Beeinflusste Flags: keine

CLR A   Lösche A
Beeinflusste Flags: P

Beispiele:

```
MOV   A,achse       ; Bilde das Komplement-2
CPL   A             ; der Variabeln achse
INC   A
MOV   achse,A
```

2.7.7 Bit-orientierte Befehle

$\begin{Bmatrix} \text{ANL} \\ \text{ORL} \end{Bmatrix}$ C, $\begin{Bmatrix} \text{Badr} \\ \text{/Badr} \end{Bmatrix}$ Verknüpfe das Carry Flag (C) mit dem Bit-Wert an der Adresse Badr bzw. mit dem negierten Wert

Beeinflusste Flags: C

$\begin{Bmatrix} \text{SETB} \\ \text{CLR} \\ \text{CPL} \end{Bmatrix}$ $\begin{Bmatrix} \text{Badr} \\ \text{C} \end{Bmatrix}$ Setze, lösche oder komplementiere den Wert an der Adresse Badr oder das Carry Flag (C)

Beeinflusste Flags: C falls bit_op = C

2.7.8 Rotationsbefehle

RL A   Rotiere A um Eins nach links   Bit 7 → Bit 0
                  Beeinflusste Flags: keine

RR A   Rotiere A um Eins nach rechts Bit 0 → Bit 7
                  Beeinflusste Flags: keine

RLC A   Rotiere A um Eins nach links durch das Carry Flag
                  C → Bit 0; Bit 7 → C
                  Beeinflusste Flags: C, P

RRC A   Rotiere A um Eins nach rechts durch das Carry Flag
                  C → Bit 7; Bit 0 → C
                  Beeinflusste Flags: C, P

2.7.9 Programmverzweigungen

a) Unbedingte Sprungbefehle direkt

`SJMP`	`rel`	Short Jump relativ zum PC PC:= PC -128.....PC +127
`AJMP`	`adr11`	Absolut Jump (innerhalb 2 K)
`LJMP`	`adr16`	Long Jump (absolut innerhalb 64 K)

Anstelle dieser drei Sprungbefehle kann der Programmierer auch das Befehlssymbol "JMP" verwenden, wobei der Übersetzer (Assembler) je nach Sprungdistanz einen SJMP, AJMP oder LJMP einsetzt.

b) Unbedingter Sprungbefehl indirekt

`JMP   @A+DPTR`   Jump indirekt an die Adresse A+DPTR

c) Bedingte Sprungbefehle

`Jxx   rel`   Falls Bedingung xx erfüllt, verzweige relativ zum Program Counter (PC): PC := PC-128...PC+127
Operationen:

`JZ`	`label`	Jump, falls A = 0
`JNZ`	`label`	Jump, falls A <> 0
`JC`	`label`	Jump, falls C = 1
`JNC`	`label`	Jump, falls C = 0

`Jxx   Badr,rel`   Falls Bedingung xx erfüllt, verzweige relativ zum Program Counter (PC): PC := PC-128...PC+127

Operationen: Gehe nach label

`JB`	`bitx,label`	falls bitx = 1
`JNB`	`bitx,label`	falls bitx = 0
`JBC`	`bitx,label`	falls bitx = 1 und lösche bitx

CJNE   op1,op2,rel   Compare and Jump if Not Equal (relativ zum PC)
                            PC:= PC - 128...PC + 127, falls op1 <> op2

                            Operationen:
                            CJNE   A,Dadr,rel
                            CJNE   A,#k8,rel
                            CJNE   Rr,#k8,rel
                            CJNE   @Ri,#k8,rel

                            Beeinflusste Flags: C = 1, falls op1 < op2

DJNZ   op1,rel   Decrement and Jump if Not Zero
                            PC:= PC - 128...PC + 127, falls op1 < > 0

                            Operationen:
                            DJNZ   Rr,rel
                            DJNZ   Dadr,rel

                            Beeinflusste Flags: keine

Beispiele:

```
              MOV    A,xy            ; IF xy = 0
              JZ     zero            ;    Then  zero
              JMP    not_zero        ;    Else  not_zero
zero:         .....
              .....
              JMP    endif
not_zero:     .....
              .....
endif:        .....
;
;
              MOV    R4,#10          ; Cycle 10
cycle:        .....
              .....
              DJNZ   R4,cycle
;
;
wait:         JB     busy,wait       ; warte, solange das
                                     ; busy-Bit gesetzt ist

stay:         JB     CY,stay         ; warte bis Carry = 0
```

2.7.10 Unterprogrammbefehle

`ACALL   adr11`   Aufruf eines Unterprogrammes
                            absolut innerhalb 2 K

`LCALL   adr16`   Aufruf eines Unterprogrammes
                            absolut innerhalb 64 K

Der Befehl CALL ist eine Anweisung für den Übersetzer (Assembler), je nach Sprungdistanz einen ACALL oder LCALL einzusetzen. Im Stack wird immer eine 16-Bit-Rücksprungadresse abgelegt.

`RET`   Rücksprung aus Unterprogramm

`RETI`   Rücksprung aus Interrupt-Routine

Beispiele:

```
;
; Unterprogramm:      Rotiere den in A übergebenen Wert so
;                     oft nach links, wie in R3 steht.
rotate_left:   RL     A
               DJNZ   R3,rotate_left
               RET
;
; Hauptprogramm
;
               .....
               .....
               .....
               MOV    A,xy
               MOV    R3,#4
               CALL   rotate_left
               .....
```

2.8 Strukturelemente

2.8.1 Das Prinzip

Da die Prozessoren der 8051-Familie weder direkte Vergleichsoperationen wie CMP noch komfortable Jump-Befehle wie JBE kennen wie z.B. die Prozessoren der 80x86-Familie, ist das Konstruieren der Strukturelemente etwas schwieriger. Darum wird in den folgenden Kapiteln gezeigt, wie die einzelnen Strukturelemente für vorzeichenlose Werte gebaut werden können. Ein Vergleich wird mit den folgenden Befehlsfolgen nachgebildet:

Allgemeine Form	**Einfache Form für Abfrage auf gleich und ungleich**
CLR C SUBB A,op Jxx	XRL A,op Jxx

Der Akkumulator und das Carry Flag enthalten die Information, welche für die Konstruktion der Strukturelemente notwendig ist.

Dabei gilt für vorzeichenlose Grössen:

Bedingung	Bedingung erfüllt, falls	Bedingung nicht erfüllt, falls
Akku = operand	Akku = 0	Akku <> 0
Akku <> operand	Akku <> 0	Akku = 0
Akku < operand	C = 1	C = 0
Akku >= operand	C = 0	C = 1
Akku > operand	Akku <> 0 AND C = 0	Akku = 0 OR C = 1
Akku <= operand	Akku = 0 OR C = 1	Akku <> 0 AND C = 0

Wie bei den Prozessoren 80x86 kann mit bedingten Sprungbefehlen nur ein Bereich von -128...+127 Byte, bezogen auf den aktuellen Programmzähler, erreicht werden. Die Strukturelemente sind so aufgebaut, dass, unabhängig von der Grösse der Blöcke, keine Reichweitenprobleme mit bedingten Sprungbefehlen auftreten.

Der Befehl JMP ist eine Anweisung für den Übersetzer (Assembler) je nach Sprungdistanz einen SJMP, AJMP oder LJMP einzusetzen.

2.8.2 Einfachverzweigungen

Die folgenden Strukturelemente sind so konstruiert, dass sie für beliebige Sprungdistanzen funktionieren. Darum sind mindestens zwei Sprungbefehle und das Zwischen-Label "skip" notwendig.

Grundstruktur: **IF A   < = > Operand (op)**
                   THEN   *Then-Block*
                   ELSE   *Else-Block*

gültige Operanden (op)   Rr, @Ri, Dadr, #k8

A = op	A < > op	A < op	A > = op	A > op	A < = op
XRL A,op JZ then	XRL A,op JNZ then	CLR C SUBB A,op JC then	CLR C SUBB A,op JNC then	CLR C SUBB A,op JZ skip JNC then skip:	CLR C SUBB A,op JC then JZ then
JMP else then:	JMP else then:	JMP else then:	JMP else then:	JMP else then:	JMP else then:
Then-Block	Then-Block	Then-Block	Then-Block	Then-Block	Then-Block
JMP eif else:	JMP eif else:	JMP eif else:	JMP eif else:	JMP eif else:	JMP eif else:
Else-Block	Else-Block	Else-Block	Else-Block	Else-Block	Else-Block
eif:	eif:	eif:	eif:	eif:	eif:

Beispiel:

```
               MOV    A,xy            ; IF xy > 15
               CLR    C
               SUBB   A,#15
               JZ     skip
               JNC    greater         ;    Then  greater
skip:          JMP    less_equal      ;    Else  less_equal
greater:       .....
               .....
               JMP    endif
less_equal:    .....
               .....
endif:         .....
;
```

2.8.3 While-Schleifen

Die folgenden Strukturelemente sind so konstruiert, dass sie für beliebige Sprungdistanzen funktionieren.

Grundstruktur: **WHILE A < = > Operand (op)**
DO
Block
END

gültige Operanden (op)   Rr, @Ri, Dadr, #k8

A = op	A < > op	A < op	A > = op	A > op	A < = op

while:
XRL   A,op
JZ   do
	while:
	XRL A,op
	JNZ do
		while:
		CLR C
		SUBB A,op
		JC do
			while:
			CLR C
			SUBB A,op
			JNC do
				while:
				CLR C
				SUBB A,op
				JZ skip
				JNC do
				skip:
					while:
					CLR C
					SUBB A,op
					JC do
					JZ do

JMP ewhile	JMP ewhile	JMP ewhile	JMP ewhile	JMP ewhile	JMP ewhile
do: Block JMP while ewhile:	do: Block JMP while ewhile:	do: Block JMP while ewhile:	do: Block JMP while ewhile:	do: Block JMP while ewhile:	do: Block JMP while ewhile:

Beispiel:

```
while:              MOV     A,xy            ; While xy >= 64
                    CLR     C
                    SUBB    A,#64
                    JNC     greater_equal   ; DO  greater_equal;
                    JMP     ewhile          ;
greater_equal:      .....
                    .....
                    .....
                    JMP     while
;
ewhile:             .....
;
```

2.8.4 Zähl-Schleifen

a) **Aufwärtszählen von n bis m in Schrittweite 1**

Grundstruktur: **FOR Operand (op) := n TO m DO**
Block
END

gültige Operanden (op)   A, Rr, @Ri

```
for:    MOV    op,#n
cycle:  ┌─────────┐
        │  Block  │
        └─────────┘
        INC    op
        CJNE   op,#m+1,cycle
```

b) **Abwärtszählen von n bis 1 in Schrittweite 1**

Grundstruktur: **FOR Operand (op) := n DOWNTO 0 DO**
Block
END

gültige Operanden (op)   Rr, Dadr

```
for:    MOV    op,#n
cycle:  ┌─────────┐
        │  Block  │
        └─────────┘
        DJNZ   op,cycle
```

2.8.5 Endlos-Schleifen

Grundstruktur: **FOREVER DO** *Block* **END**

```
forever: ┌─────────┐
         │  Block  │
         └─────────┘
         JMP    forever
```

2.9 Übungen

Geben sie für folgende Tätigkeiten die Befehle an:

a) Laden des Akku mit dem Wert 05h.

b) Laden des Registers 2 der aktuellen Bank mit 28h.

c) Laden der Speicherstelle 37h mit dem Wert 15.

d) Laden der Speicherstelle, deren Adresse in R0 steht mit dem Wert 0.

Im Akku befindet sich der Wert 1001'1100b.

e) Löschen Sie Bit 3.

f) Setzen Sie Bit 5.

g) Invertieren Sie Bit 1.

U, V und W sind symbolische Adressen im Bit-Bereich. Geben Sie die Befehle für folgende Ausdrücke an:

h) U := NOT(V AND NOT(W))

i) U := (NOT(V) OR W)

Schreiben Sie den Code für folgende Strukturelemente:

j) FOR x := 1 TO 20 DO
        y := z + 1;
        END;

k) IF x < 15 THEN y := 20h
        ELSE y := 10h;

Codieren Sie folgende Statements:

l) IF A = 15 THEN R0 := #0
              ELSE R0 := #1;

m) IF A > 15 THEN R0 := #20
              ELSE R0 := wert_a;

n) IF R3 < 1 THEN wert_a := 0
              ELSE wert_a := 1;

o) WHILE R0 <= 15
        DO   R0 := R0 + 1
             R1 := R1 + 1
        END;

p) FOR R5 := 15 TO 20
        DO R0 := R1 + R4;
        END;

q) FOR R7 := 5 DOWNTO 0
        DO R0 := R1 - R4 ;
        END ;

3

Integrierte Zusatzfunktionen des 8051

3.1 Übersicht über die integrierten Funktionen

Neben dem Rechnerkern, dem Daten- und dem Programmspeicher enthält der 8051 folgende integrierten Funktionen:

- **vier I/O-Ports**
- **Interrupt-System**
- **zwei Timer/Counter**
- **eine serielle Schnittstelle**

Die Abbildung 3.1 gibt einen Überblick über die integrierten Funktionen, welche in den folgenden Abschnitten beschrieben werden.

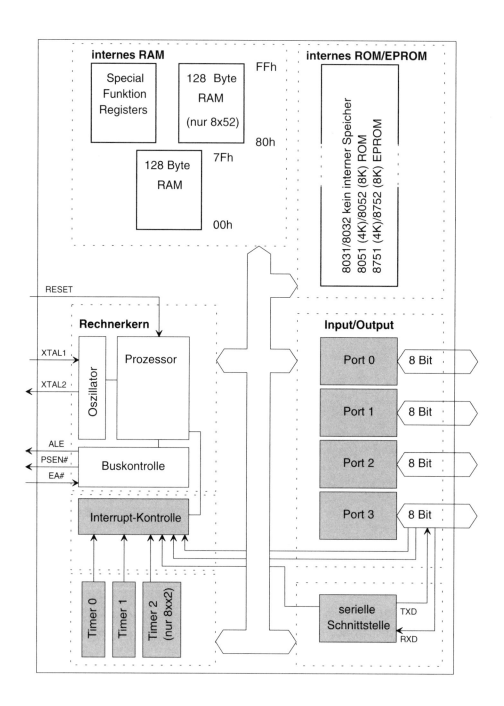

Abb. 3.1: Übersicht über die integrierten Zusatzfunktionen der Mikrokontroller 8051 und 8052

3.2 Die Ports

3.2.1 Die Funktion der Ports

In einem Minimalsystem 8051 ohne externen Speicher oder I/O sind vier 8-Bit-Ports (P0–P3) verfügbar, welche mit Adressen im Bit-adressierbaren Bereich der Special Function Registers angesprochen werden können. Alle Ports sind bidirektional und haben die in Abbildung 3.2 aufgezeigte Struktur.

Die Port-Treiber der Ports 1, 2 und 3 sind identisch und enthalten einen integrierten 20kΩ-Pull-up-Widerstand. Da die Port 0 im erweiterten Mode als Adress-/Data-Port verwendet wird, besitzt der Treiber keinen integrierten Pull-up-Widerstand, so dass dieser als Open Drain wirkt. Wird die Port 0 als normale Ein-/Ausgabe-Port verwendet, so müssen die Pull-up-Widerstände extern beschaltet werden.

Beim Beschreiben der Ports wird das Daten-Bit auf den internen Bus gelegt und mit einem Schreibimpuls in das D-Flip-Flop geladen. Beim Lesevorgang wird, je nach Befehl, entweder der Inhalt des Flip-Flop oder der Zustand des Pin gelesen.

Wenn der Input-Pin gelesen werden soll, muss zuerst eine Eins ausgegeben werden, damit der Port-Treiber hochohmig geschaltet ist.

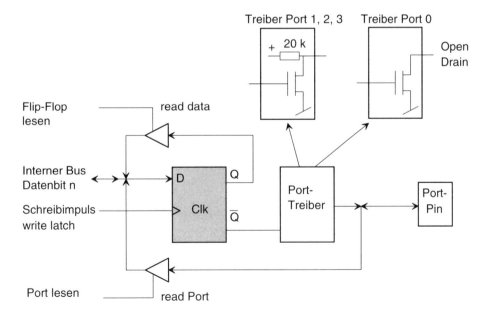

Abb. 3.2: Aufbau der Ports

Die Ports werden im Memory-mapped-Verfahren angesprochen. Es gibt keine speziellen Befehle (IN, OUT) für die Ports.

```
MOV   A,Px    entspricht IN-Befehl
MOV   Px,A    entspricht OUT-Befehl
```

Bemerkungen

Es ist zu beachten, dass bestimmte Pins der Input/Output-Ports für spezielle Funktionen verwendet werden und somit nicht mehr als normale Input/Output-Pins verfügbar sind. Die Zweitbelegung der Ports ist in der Abbildung 3.4 dargestellt.

Wie bereits erwähnt, gibt es Befehle, welche den Zustand des Input-Pin, und solche welche den Inhalt des Flip-Flop lesen.

Befehle, welche einen Wert an einer Port an eine andere Stelle transferieren, lesen immer den Zustand des Input-Pin. Alle Befehle, welche einen Wert an der Port lesen, diesen bearbeiten und wieder an die Port ausgeben (read-modify-write), lesen immer den Inhalt des Flip-Flop.

Befehle, welche den Inhalt des Flip-Flop lesen, sind (Port als Destination im Befehl):

```
ANL,ORL,XRL    Logische Befehle mit einer Port (z.B. ANL P1,A)
JBC            Springe, falls Bit einer Port = 1, und lösche Bit
CPL            Komplementiere Bit einer Port
INC,DEC        Erhöhe, vermindere Port um Eins
DJNZ           Vermindere Port um Eins und springe, falls nicht Null
JBC            Px.y,adresse

MOV  Px.y,C   Schreibe Carry in Bit y der Port x
CLR  Px.y     Lösche Bit y der Port x
SETB Px.y     Setze Bit y der Port x
```

Da nicht direkt ein einzelnes Bit verändert werden kann, muss auch bei den letzten drei Befehlen der Wert als Byte vom Flip-Flop gelesen, das gewünschte Bit verändert und das Resultat wieder an die Port ausgegeben werden.

Befehle, welche direkt den Input-Pin lesen, sind (Port als Source im Befehl):

```
MOV     A,Px
MOV     Rr,Px
MOV     @Ri,Px
MOV     Dadr,Px
MOV     C,Px.y
PUSH    Px
XCH     A,Px
ADD     A,Px
ADDC    A,Px
SUBB    A,Px
CJNE    A,Px,adresse
JB      Px.y,adresse
JNB     Px.y,adresse
```

Begründung

Wird eine Port als Input-Port verwendet, so liefert der externe Baustein sauber die Pegel logisch 1 oder 0. In diesem Fall kann direkt das Input-Signal gelesen werden.

Wird die Port als Output verwendet, so steuert der integrierte FET die normalerweise angeschaltete externe Treiberstufe. Wird der Wert Null ausgegeben (Q = 0; Q# = 1), so ist der FET geschaltet; am Ausgangssignal liegen praktisch 0 Volt, der externe Transistor ist gesperrt, und am Input-Signal wird der Wert Null gelesen. Wird der Wert Eins ausgegeben (Q = 1, Q# = 0), so ist der FET gesperrt, der externe Transistor geschaltet, am Input-Signal wird aber nur die Basis-Emitter-Spannung, d.h. auch logisch Null gelesen. Aus diesem Grund muss in allen Fällen, bei denen die Port als Output verwendet wird, der Latch und nicht der Pin gelesen werden.

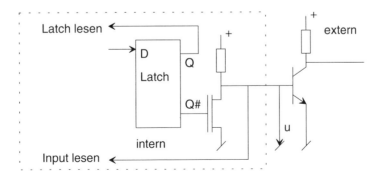

Abb. 3.3: Latch oder Pin lesen

3.2.2 Übersicht über die Zweitbelegungen der Ports

Wie bereits erwähnt, sind einige der I/O-Pins mit einer Zweitfunktion belegt. Wird diese Zweitfunktion verwendet, so kann der entsprechende Pin nicht mehr als I/O-Signal benützt werden. Das folgende Bild zeigt eine Übersicht über die für Zweitfunktionen verwendeten I/O-Pins.

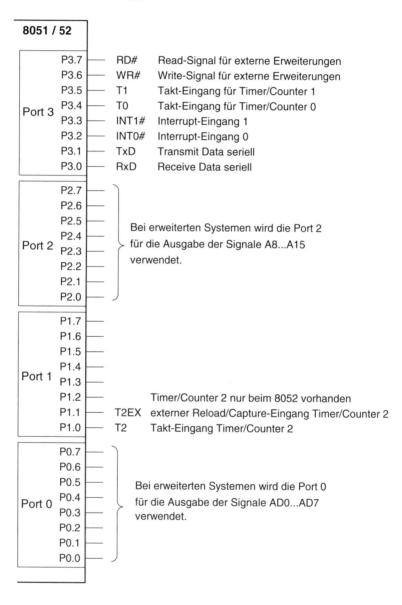

Abb. 3.4: Zweitfunktionen der Ports

3.3 Das Interrupt-System

3.3.1 Die Interrupt-Quellen

Der 8051 besitzt drei interne (8052 = vier interne) und zwei externe Interrupt-Quellen.

Die zwei externen Interrupts können über die Signale "INT0#" und "INT1#" durch eine externe Interrupt-Quelle ausgelöst werden. Das Signal "INT0#" wird über den Pin 3.2, "INT1#" über den Pin 3.3 dem integrierten Interrupt-Kontroller zugeführt. Die Interrupts können als level- oder flankengetriggert programmiert werden. Ist das Bit ITx im Register TCON gesetzt, so ist der Interrupt negativ-flankengetriggert; ist es gelöscht, so ist er negativ-levelgetriggert. Für jeden Interrupt-Eingang existiert im Register TCON ein Interrupt External Request Flag (IEx), welches anzeigt, ob ein Interrupt angefordert wird. Im Falle eines flankengetriggerten Interrupt wird dieses Bit automatisch gelöscht, sobald der Interrupt ausgeführt wird. Bei pegelgetriggerten Interrupts muss das Request Flag durch die Software gelöscht werden.

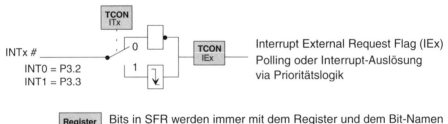

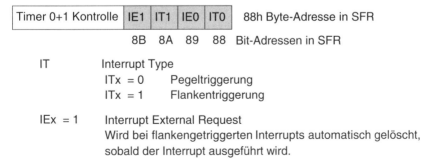

Abb. 3.5: Die Interrupt-Quellen

Von den drei internen Interrupts stammen zwei von den Timer/Counter und einer von der seriellen Schnittstelle. Beim 8052 existiert eine interne Interrupt-Quelle mehr, da dieser einen zusätzlichen Timer enthält.

Die Interrupt Requests der Timer werden ausgelöst, sobald das TFx-Flag des entsprechenden Timer gesetzt wird. Dieses Bit zeigt einen Timer-Überlauf an (siehe Abschnitt "Die Timer/Counter"). Der Interrupt Request für die serielle Schnittstelle wird ausgelöst, wenn entweder das Bit Receive Interrupt Flag (RI) oder Transmit Interrupt Flag (TI) im Register SCON gesetzt ist (siehe Abschnitt "Die serielle Schnittstelle").

3.3.2 Die Interrupt-Freigabe-Logik

Alle Interrupt-Quellen können durch die Freigabe-Logik einzeln oder zusammen gesperrt oder freigegeben werden. Die Sperrung oder Freigabe wird durch das Interrupt Enable Register (IE) gesteuert. Nach einem Reset sind alle Interrupts gesperrt.

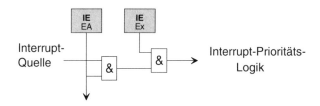

EA und Ex sind Bits im Register IE

EA		ET2	ES	ET1	EX1	ET0	EX0	0A8h Byte-Adresse in SFR
AF	AE	AD	AC	AB	AA	A9	A8	Bit-Adressen in SFR

EA = 1   Enable All Interrupts
ET2 = 1   Enable Timer 2 (nur 8052) Interrupt
ES = 1   Enable Interrupt der seriellen Schnittstelle
ET1 = 1   Enable Timer 1 Interrupt
EX1 = 1   Enable external INT1
ET0 = 1   Enable Timer 0 Interrupt
EX0 = 1   Enable external INT0

Abb. 3.6: Die Interrupt-Freigabe-Logik

3.3.3 Die Interrupt-Prioritäts-Logik

Der 8051 kennt zwei Interrupt-Service-Prioritäten. Jede Interrupt-Quelle kann über das Interrupt Priority Register (IP) einer dieser Service-Prioritäten zugeordnet werden. Eine Interrupt-Routine mit einer niederen Service-Priorität kann durch eine Interrupt-Routine mit einer hohen Service-Priorität unterbrochen werden. Eine Routine mit gleicher oder tieferer Priorität kann die aktive Routine nicht unterbrechen. Die Request Priority wird benötigt, wenn zwei Quellen gleichzeitig einen Interrupt Request anfordern. Die Request Priority ist den Interrupt-Quellen durch die Reihenfolge der Abfrage fest zugeordnet (IE0, TF0, IE1, TF1, TI/SI, TF2/EXF2).

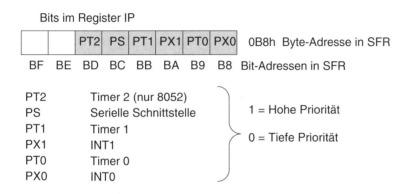

Abb. 3.7: Die Interrupt-Prioritätssteuerung

3.3.4 Die Interrupt-Adressen

Jeder Interrupt-Quelle ist direkt die Adresse (Interrupt-Einsprungsadresse) zugeordnet, an welche bei einem Interrupt gesprungen wird. An dieser Adresse steht entweder die ganze Interrupt Service Routine (ISR) oder ein Sprung (LJMP ISR) auf diese. Die Interrupt-Einsprungsadressen liegen ab Adresse 3:

- Adresse 03h   Externer Interrupt 0 (INT0)
- Adresse 0Bh   Timer/Counter 0
- Adresse 13h   Externer Interrupt 1 (INT1)
- Adresse 1Bh   Timer/Counter 1
- Adresse 23h   Serielle Schnittstelle
- Adresse 2Bh   Timer/Counter 2 (nur 8052)

3.3.5 Ablauf eines Interrupt

Wird ein Interrupt Request an den Interrupt-Kontroller angelegt, so wird folgender Ablauf ausgelöst (siehe Abbildung 3.8):

- Falls das Enable All Flag (EA) und das für diese Interrupt-Quelle zuständige Enable Flag gesetzt sind, wird der Interrupt Request an die Prioritäts-Logik weitergeleitet.
- Falls keine Routine mit gleicher oder höherer Priorität aktiv ist, wird der anliegende Interrupt Request bedient. Treffen zwei Interrupt Requests gleicher Priorität gleichzeitig auf, so wird derjenige mit der tieferen Einsprungsstelle zuerst bedient.
- Der aktuelle Programmzählerstand wird in den Stack abgelegt (PSW wird nicht automatisch gesichert).
- Der Programmzähler wird mit der Interrupt-Einsprungsadresse geladen.
- Die Interrupt-Routine wird gestartet. Es wird nur die Rücksprungsadresse automatisch auf den Stack gelegt. Für alle anderen Sicherungsmassnahmen ist der Anwender zuständig. Die laufende Interrupt-Routine kann nur von einem Interrupt höherer Priorität unterbrochen werden. In einigen Fällen löscht der Prozessor beim Sprung in die Interrupt-Routine das Interrupt Request Flag automatisch. Dies gilt für flankengetriggerte, externe Interrupts und die Interrupt Requests der Timer/Counter 0 und 1. Die Interrupt Request Flags der seriellen Schnittstelle, des Timer/Counter 2 sowie der externen, pegelgetriggerten Interrupts müssen durch den Anwender gelöscht werden.
- Durch die Instruktion RETI wird das oberste Element aus dem Stack in den Programmzähler geladen und damit zur unterbrochenen Stelle zurückgekehrt und die Interrupt-Prioritäts-Logik für neue Interrupts dieser Prioritäts-Stufe freigegeben (wirkt wie ein End of Interrupt beim Interrupt-Kontroller 8259).

3.3.6 Übersicht über die Interrupt-Struktur

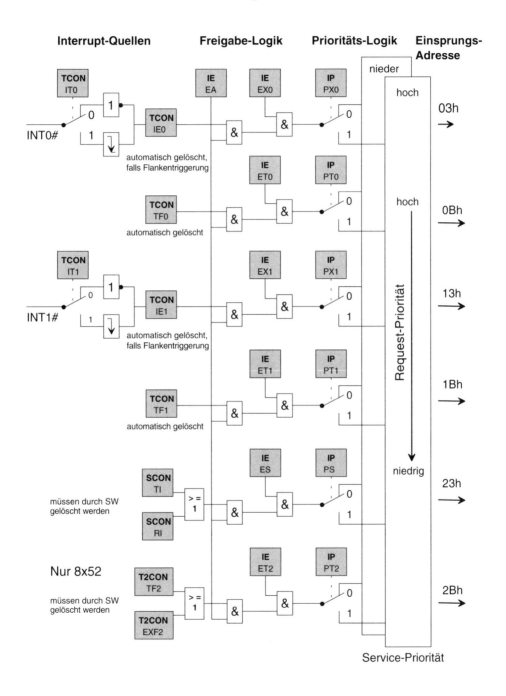

Abb. 3.8: Übersicht über das Interrupt-System

56 Integrierte Zusatzfunktionen des 8051

Beispiel: Freigabe der Hardware-Interrupts INT0# und INT1# als flankengetriggerte Interrupts. Der Eingang INT0# soll die höhere Priorität haben und die Interrupt-Routine von INT1# unterbrechen können.

```
                NAME    Demo
;
stack_seg       SEGMENT IDATA
code_seg        SEGMENT CODE
;
                RSEG    stack_seg
tos:            DS      10              ;10 Byte Stack
;
                CSEG    AT 0
entry_point:    JMP     start           ;Start an Adresse 0000
;
                ORG     03h
                JMP     isr_int_0       ;Einsprungsstelle INT0#
;
                ORG     13h
                JMP     isr_int_1       ;Einsprungsstelle INT1#
;
;-----------------------------------------------------------
; Hauptprogramm
;-----------------------------------------------------------
                RSEG    code_seg
start:          MOV     SP,#tos         ;Stackpointer laden
                SETB    IT0             ;Flankentriggerung
                SETB    IT1             ;Flankentriggerung
                SETB    PX0             ;hohe Prioritaet
                SETB    EX0             ;Freigabe INT0#
                SETB    EX1             ;Freigabe INT1#
                SETB    EA              ;Freigabe Interrupt
Cycle:          ........
                ........
                JMP     cycle
;
;-----------------------------------------------------------
; Interrupt-Routinen
;-----------------------------------------------------------
isr_int_0:      PUSH    PSW
                ........                ;Interrupt-Routine
                ........                ;Interrupt 0
                POP     PSW
                RETI
;
;
isr_int_1:      PUSH    PSW
                ........                ; Interrupt-Routine
                ........                ; Interrupt 1
                POP     PSW
                RETI

                END
```

3.4 Die Timer/Counter

Der Baustein 8051 enthält zwei, der 8052 drei programmierbare Aufwärtszähler, welche als Timer oder Counter eingesetzt werden können. Das Funktionsprinzip eines Timers oder Counters ist identisch, nur die Taktquelle ist unterschiedlich. Ein Timer wird mit einem festen internen Takt, 1/12 der CPU-Oszillator-Frequenz, getaktet. Ein Counter erhält den Takt von einer externen Taktquelle über einen für diesen Zweck reservierten Input-Pin. Die maximale Taktrate für einen Counter beträgt 1/24 der Oszillator-Frequenz. Ein Zähler wird bei jeder negativen Flanke des Taktsignals um Eins erhöht. Beim Überlauf vom Maximalwert des Zählers zu Null wird ein Timer Flag gesetzt, um den Überlauf zu signalisieren. Das Setzen dieses Timer Flag kann bei freigegebenem Interrupt Enable Flag direkt einen Interrupt auslösen. Es wird bei Annahme des Interrupt automatisch rückgesetzt.

3.4.1 Die Funktionsweise der Timer/Counter 0 und 1

Die Funktionsweise der Timer/Counter 0 und 1 wird durch die Register TMOD und TCON gesteuert (siehe Übersicht in Abbildung 3.9).

Mit dem Bit C/T# wird festgelegt, ob der Zähler als Timer oder als Counter arbeiten soll.

Mit den zwei Bits Timer Run (TRx) und Gate sowie dem Input Pin-INTx# wird die Freigabe-Logik der Zähler gesteuert. Ist Gate = 0, so erfolgt die Freigabe des Zählers nur über das Timer Run Bit. Ist Gate = 1, so kann die Freigabe-Logik zusätzlich von einem externen Signal über die INTx#-Leitung beeinflusst werden.

Die Timer/Counter können in vier verschiedenen Modes (0–3) arbeiten, wobei der Mode 3 nur für den Timer/Counter 0 vorgesehen ist. Der Timer 1 kann im Mode 2 als Baudratengenerator für die serielle Schnittstelle verwendet werden. Der Mode wird über die Bits M1 und M0 im Register TMOD eingestellt.

a)   **Mode 0**

Der Mode 0 ist ein Relikt aus der Vorgängerfamilie des 8051 (8048/49). Der Zähler arbeitet mit dem High Byte als 8-Bit-Timer/Counter. Die fünf niederwertigen Bits des Low Byte werden als Vorteiler verwendet. Die restlichen 3 Bits sind nicht benutzt. Es handelt sich also eigentlich um einen 13-Bit-Timer/Counter. Bei jedem Impuls wird der Zähler um Eins erhöht. Wechselt der 13-Bit-Zähler vom Wert 1111'1111'1111'1xxxb auf 0000'0000'0000'0xxxb, so wird das Timer Flag gesetzt, um den Überlauf zu signalisieren. Der Zähler läuft normal weiter.

b) Mode 1

Der Mode 1 funktioniert gleich wie der Mode 0, es werden jedoch alle 16 Bits des Zählers verwendet. Beim Zählerüberlauf von FFFFh nach 0000 wird ein Interrupt Request ausgelöst, und der Zähler muss neu geladen werden. Bei einem Oszillator-Takt von 12 MHz kann ein Timer Interrupt mit einer maximalen Zeit von 65 ms erzeugt werden.

c) Mode2

Der Mode 2 ist ein 8-Bit-Zähler mit Auto-Reload-Funktion. Der Zähler wird durch das Low Byte gebildet. Der Nachladewert ist im High Byte gespeichert. Ein Überlauf des Zählers bewirkt das Setzen des Timer Flag und das Nachladen des Zählers mit dem Wert im High Byte. Bei einem Oszillator-Takt von 12 MHz kann ein Timer-Interrupt mit einer maximalen Zeit von ca. 0.25 ms erzeugt werden. Vorteilhaft ist, dass der Zähler nicht neu geladen werden muss.

d) Mode 3

Mit dem Mode 3 können aus dem Zähler 0 zwei 8-Bit-Zähler realisiert werden, wobei das Low Byte als Timer oder Counter, das High Byte nur als Timer verwendet werden kann. Der Timer des High Byte verwendet die Bits TR1 und TF1 des Timer/Counter 1. Der Timer/Counter 1 kann weiterhin im Mode 0–2 verwendet werden. Da jedoch die Bits TR1 und TF1 vom Timer 0 High Byte benützt werden, kann der Timer/Counter 1 in dieser Konfiguration keinen Interrupt auslösen. Die Funktion des TR1-Bits kann ersetzt werden, indem der Timer/Counter 1 in den Mode 3 gesetzt wird. Damit wird der Zählvorgang gestoppt. Wird der alte Mode wieder gespeichert, so läuft er normal weiter. Diese Konfiguration kann verwendet werden, falls der Timer 1 als Baudratengenerator für die serielle Schnittstelle eingesetzt wird und zusätzlich zwei unabhängige Timer benötigt werden.

Die Abbildung 3.9 zeigt das Prinzip der Timer/Counter mit den Teilen
- Auswahl der Taktquelle
- Freigabelogik
- Betriebsartenwahl mit den vier möglichen Betriebsarten

3.4.2 Übersicht über die Timer/Counter 0 und 1

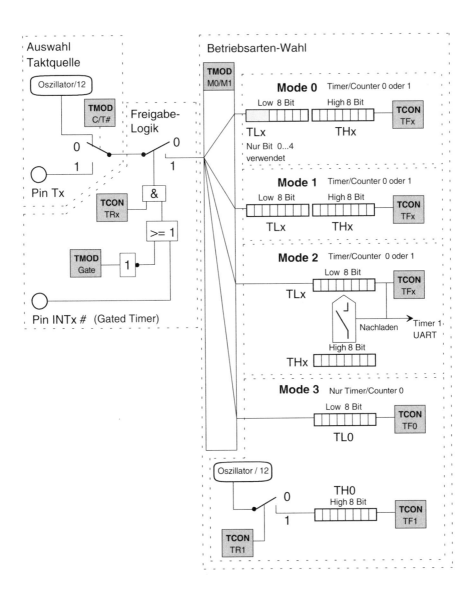

Abb. 3.9: Die Betriebsarten der Timer/Counter 0 und 1

Das Setzen der Timer Flags (TF0, TF1) löst einen Interrupt aus, falls dieser freigegeben ist (siehe Abschnitt "Das Interrupt-System").

3.4.3 Die Programmierung der Timer/Counter 0 und 1

Die Programmierung der Timer/Counter erfolgt über folgende Register im Special-Function-Bereich:

- Timer Mode (TMOD)
- Timer Register (TH0, TL0 und TH1, TL1)
- Timer Control (TCON)

a)   Timer Mode (TMOD)

Das Timer Mode Register enthält die Steuer-Bits Gate, Timer/Counter und Mode für die beiden Timer/Counter.

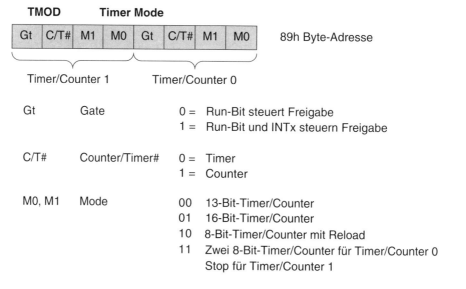

Abb. 3.10: Der Aufbau des Timer Mode Register

b) Timer Register (TH0, TL0 und TH1, TL1)

Die Timer Register wirken je nach Betriebsart als Zähl- oder Nachladeregister.

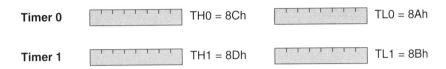

Die Register können auch gelesen werden, wobei in den Modes 0 und 1 bei laufendem Zähler inkonsistente Werte entstehen können, da die zwei Bytes nacheinander gelesen werden.

Abb. 3.11: Die Timer Register

c) Timer Control (TCON)

Das Timer Control Register enthält die Timer Run Bits und die Überlauf-Bits, welche bei aktiviertem Interrupt-System einen Interrupt auslösen, sobald sie gesetzt werden.

TCON   **Timer Control**

TF1	TR1	TF0	TR0	IE1	IT1	IE0	IT0
8F	8E	8D	8C	8B	8A	89	88

88h Byte-Adresse

Bit-Adressen

Interrupt-System für external Interrupts 0 und 1

Diese Bits gehören zum Interrupt-System, sind aber im selben Byte wie die Steuer-Bits für die Timer definiert

ITx = 0   Pegeltriggerung
ITx = 1   Flankentriggerung

IEx = 1   Interrupt Request External

Timer/Counter

TR0, TR1   Timer Run Bit für Timer/Counters 0 und 1
           1 = Run   0 = Stop

TF0, TF1   Timer Flag Overflow Bit für Timer/Counters 0 und 1
           1 = Overflow

Abb. 3.12: Der Aufbau des Timer Control Register

Beispiel: Timer 0 soll im Abstand von 50 ms eine Interrupt-Routine aktivieren. Es wird eine Quarzfrequenz von 12 MHz angenommen.

```
                    NAME    Demo
;
stack_seg           SEGMENT IDATA
code_seg            SEGMENT CODE
;
                    RSEG    stack_seg
tos:                DS      10                  ;10 Byte Stack
;
                    CSEG    AT 0
entry_point:        JMP     start               ;Start an Adresse 0000
;
                    ORG     0Bh
                    JMP     isr_tim_0           ;Einsprungstelle Timer0
;
;-----------------------------------------------------------------
; Hauptprogramm
;-----------------------------------------------------------------
timer_low           EQU     0B0h                ; 65536-50000=15536
timer_high          EQU     3Ch                 ; 15536=3CB0h=50ms
;
                    RSEG    code_seg
start:              MOV     SP,#tos             ; Stackpointer laden
                    MOV     TH0,#timer_high     ; Timer Register
                    MOV     TL0,#timer_low      ; laden
                    MOV     TMOD,#00000001b     ;
                    SETB    TR0                 ; Timer 0 Run
;
                    SETB    PT0                 ; Prioritaet hoch
                    SETB    ET0                 ; Freigabe Timer 0
                    SETB    EA                  ; Freigabe Interrupt
Cycle:              ........
                    ........
                    JMP     cycle
;
;-----------------------------------------------------------------
; Interruptroutine
;-----------------------------------------------------------------
isr_tim_0:          PUSH    PSW
                    ........
                    ........
;
                    MOV     TH0,#timer_high     ; Timer Register
                    MOV     TL0,#timer_low      ; laden
                    POP     PSW
                    RETI
;
                    END
```

3.4.4 Die Funktionsweise des 16-Bit-Timer/Counter 2

Der nur im 8052 vorhandene Timer/Counter 2 kann wie die Timer/Counter 0 und 1 als Timer mit einer festen Frequenz oder als Counter mit einem extern zugeführten Takt versorgt werden. Mit dem Bit "C/T#" wird festgelegt, ob der Zähler als Timer (Takt = Oszillator/12) oder Counter (externer Takt) arbeiten soll. Das Ein- und das Ausschalten erfolgt ebenfalls über ein Timer Run Bit. Die Abbildung 3.13 auf der nächsten Seite zeigt das Prinzip. Der 16-Bit-Aufwärtszähler arbeitet in den folgenden drei Betriebsarten:

- Auto Reload Mode (Selbstlademodus)
- Capture Mode (Fangmodus)
- Baudratengenerator für die serielle Schnittstelle

a) Auto Reload Mode (Selbstlademodus)

In dieser Betriebsart wird bei Zählerüberlauf des 16-Bit-Zählers das Timer Flag (TF2) gesetzt und der Zähler automatisch mit dem programmierten Anfangswert aus den Registern RCAP2L und RCAP2H nachgeladen. Zusätzlich kann, falls das Bit "External Enable" gesetzt ist, das Nachladen durch ein externes Signal über den Pin T2EX ausgelöst werden. Wurde ein Nachladen aufgrund eines externen Signals durchgeführt, so wird das mit gesetztem Bit External Flag (EXF2) angezeigt.

b) Capture Mode (Fangmodus)

In dieser Betriebsart wird, wie im Auto Reload Mode, bei Zählerüberlauf des 16-Bit-Zählers das Timer Flag (TF2) gesetzt. Im Gegensatz zur Betriebsart Auto Reload wird der aktuelle Stand des 16-Bit-Zählers durch ein externes Signal, welches über den Pin T2EX angelegt wird, in den Registern RCAP2L und RCAP2H gespeichert (Capture). Wurde ein Capture durchgeführt, so wird das mit gesetztem Bit External Flag (EXF2) angezeigt und ein Timer 2 Interrupt ausgelöst, falls dieser freigegeben ist. Die Betriebsart wird normalerweise für Zeitmessungen verwendet.

c) Baudratengenerator für die serielle Schnittstelle

Diese Betriebsart wird in Zusammenhang mit der seriellen Schnittstelle verwendet und darum im Abschnitt "Die serielle Schnittstelle" beschrieben.

Das Setzen der Timer Flag (TF2, EXF2) löst einen Interrupt aus, falls dieser freigegeben ist (siehe Abschnitt "Das Interrupt-System").

3.4.5 Übersicht über die Betriebsarten des Timer/Counter 2

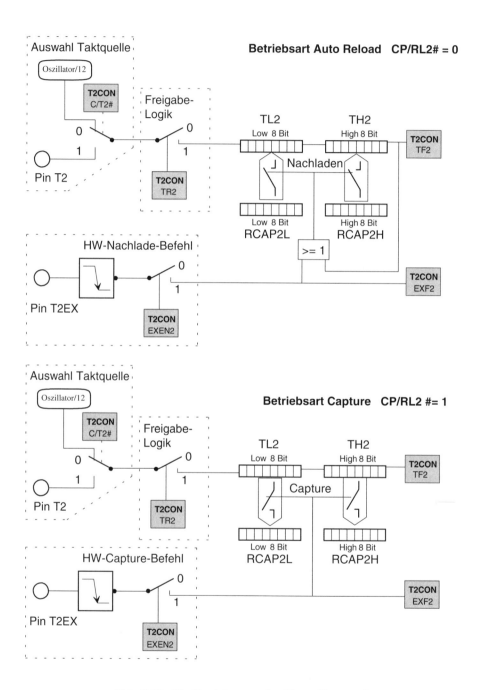

Abb. 3.13: Die Betriebsarten des Timer/Counter 2

3.4.6 Die Programmierung des Timer/Counter 2

Die Programmierung des Timer/Counter 2 erfolgt über folgende Register im Special-Function-Bereich:

- Timer Control (T2CON)
- Timer Register (TH2, TL2)
- Reload/Capture Register (RCAP2H, RCAP2L)

a) Timer Control (T2CON)

Das Timer 2 Control Register enthält die Steuer-Bits für den Timer/Counter 2.

T2CON   Timer 2 Control

TF2	EXF2	RCLK	TCLK	EXEN2	TR2	C/T2#	CP/RL2#	0C8h Byte-Adresse
CF	CE	CD	CC	CB	CA	C9	C8	Bit-Adressen

TF2	Timer Overflow Bit für Timer/Counter 2 ---> 1 = Overflow
EXF2	External Flag Zeigt mit 1 an, dass durch ein externes Signal der Reload- oder Capture-Vorgang ausgelöst wurde. TF2 und EXF2 können einen Interrupt auslösen, falls dieser freigegeben ist. Die Bits müssen durch die Software rückgesetzt werden.
RCLK, TCLK	Receive bzw. Transmit Clock Flag Falls gesetzt, bewirkt dieses Bit, dass ein Zählerüberlauf den Receive- bzw. Transmit-Takt für die serielle Schnittstelle bestimmt.
EXEN2	External Enable Flag. Falls gesetzt, so ist ein Reload/Capture mit externem Signal möglich
TR2	Timer Run Bit für Timer/Counter 2 1 = Run, 0 = Stop
C/T2#	Counter = 1, Timer = 0
CP/RL2#	Capture/Reload Flag Falls gesetzt, bewirkt es bei einer negativen Flanke an T2EX und gesetztem External Enable Flag, dass der aktuelle Zählerstand in die Register RCAP2L und RCAP2H geladen wird --> Capture. Falls gelöscht, bewirkt es bei einer negativen Flanke an T2EX und gesetztem External Enable Flag oder bei Zählerüberlauf, dass der Wert der Register RCAP2L und RCAP2H in den Zähler geladen wird --> Reload.

Abb. 3.14: Der Aufbau des Timer 2 Control Register

b) Timer Register und Reload/Capture Register

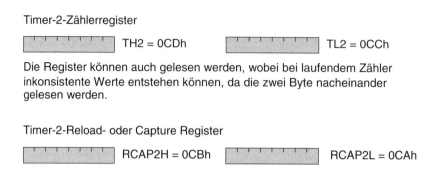

Abb. 3.15: Die Timer-2-Zählerregister und die Reload/Capture Register

3.5 Die serielle Schnittstelle

3.5.1 Die Funktionsweise der seriellen Schnittstelle

Die serielle Schnittstelle des 8051 kann als Universal Asynchronous Receiver/Transmitter (UART) flexibel eingesetzt werden und arbeitet in den folgenden vier Betriebsarten:

- Mode 0: Ansteuerung synchroner serieller I/O-Erweiterungen
- Mode 1: 8-Bit-UART mit programmierbarer Baudrate
- Mode 2: 9-Bit-UART mit fester Baudrate
- Mode 3: 9-Bit-UART mit programmierbarer Baudrate

a) Mode 0: Ansteuerung synchroner serieller I/O-Erweiterungen

Der Mode 0 wird verwendet, um externe I/O-Ports mit serieller Schnittstelle (Schieberegister) anzusteuern. Daten, welche empfangen oder gesendet werden, gehen über den RxD-Pin. Der TxD-Pin wird für die Ausgabe des Schiebetaktes verwendet (Halbduplex-Betrieb). Das bedeutet, dass das simultane Senden und Empfangen von Daten nicht möglich ist.

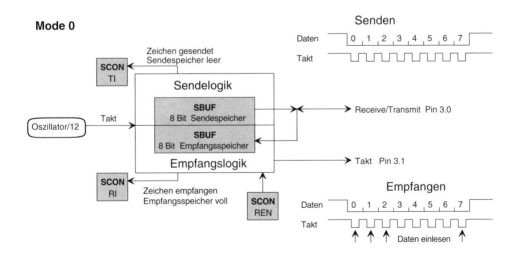

Abb. 3.16: Die serielle Schnittstelle im Mode 0

Mit dem Beschreiben des Datenpuffers SBUF wird der Sendevorgang automatisch gestartet. Für jedes Daten-Bit (Port 3, Bit 0) wird ein Takt (Port 3, Bit 1) ausgegeben. Sind alle 8 Bits ausgegeben, so wird das Transmit Interrupt Flag (TI) im Register SCON gesetzt, um anzuzeigen, dass das Zeichen gesendet ist.

Das Empfangen von Daten muss aktiv per Software gestartet werden. Der Empfang wird eingeschaltet, sobald das Steuer-Bit Receive Enable (REN) gesetzt und das Receive Interrupt Flag (RI) gelöscht ist. Das Bit auf der Datenleitung wird gelesen und dann mit einem Takt an Pin 3.1 das externe Schieberegister veranlasst das nächste Daten-Bit auf die Datenleitung zu schieben. Sind 8 Bits empfangen, so wird das Receive Interrupt Flag (RI) im Register SCON gesetzt, um anzuzeigen, dass ein Zeichen zum Abholen bereit ist.

b) Mode 1: 8-Bit-UART mit programmierbarer Baudrate

Der Mode 1 realisiert eine normale serielle asynchrone Übertragung mit einem Start-Bit, acht Daten-Bits und einem Stop-Bit. Die Abbildung 3.17 zeigt die Funktionsweise der seriellen Schnittstelle in dieser Betriebsart. Es kann gleichzeitig über das Signal TxD gesendet und über das Signal RxD empfangen werden (Duplex-Betrieb).

Das Senden von Daten wird durch das Beschreiben des Registers SBUF gestartet. Die Daten werden in ein serielles asynchrones Signal mit einer programmierbaren Baudrate umgewandelt und über den Pin TxD ausgegeben. Das Programmieren der Baudrate ist im Abschnitt "Die Generierung der Baudraten für die Modes 1 und 3" beschrieben. Ist das Zeichen gesendet, so wird das Transmit Interrupt Flag (TI) im Register SCON gesetzt, um anzuzeigen, dass der UART bereit ist, das nächste Zeichen zum Senden entgegenzunehmen.

Der Datenempfang wird aktiviert, sobald das Receive Enable Bit (REN) im Register SCON gesetzt ist. Ab diesem Zeitpunkt wird das Signal RxD mit dem 16fachen Takt der Baudrate überwacht und beim Erkennen eines Start-Bit der Datenempfang gestartet. Ist das Zeichen empfangen, so wird das Receive Interrupt Flag (RI) im Register SCON gesetzt, um anzuzeigen, dass ein Zeichen empfangen wurde und zum Abholen im Register SBUF bereitliegt. Der Empfangsteil ist gepuffert, so dass sofort das nächste Zeichen empfangen werden kann. Wird ein Zeichen nicht aus dem Register SBUF gelesen, bis das nächste empfangen wird, so geht ein Zeichen verloren.

Die Baudrate ist durch den Timer 1 (beim 8052 durch Timer 1 oder 2) frei programmierbar. Im Empfangsteil wird die Leitung zur Erkennung eines Start-Bit mit der 16fachen Baudrate überwacht.

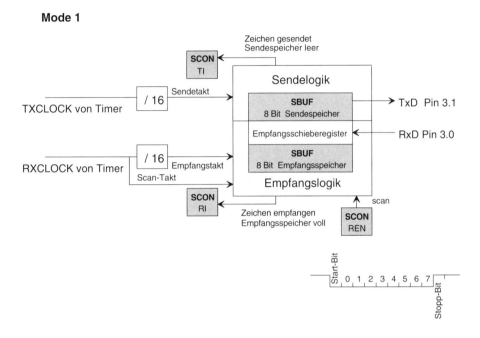

Abb. 3.17: Die serielle Schnittstelle im Mode 1

c) **Mode 2: 9-Bit-UART mit fester Baudrate**

Im Mode 2 findet eine 9-Bit-Datenübertragung statt. Beim Senden werden zuerst die Daten-Bits 0–7 aus dem Register SBUF und dann als neuntes Bit, das Transmit Bit 8 (TB8), aus dem Register SCON gesendet. Beim Empfangen wird dieses neunte Bit, in das Receive Bit 8 (RB8), im Register SCON gespeichert. Das Senden und das Empfangen wird mit der gleichen Baudrate durchgeführt. Es sind nur zwei Baudraten möglich. Abhängig vom Bit SMOD im Register PCON wird als Baudrate 1/32 oder 1/64 der CPU-Oszillator-Frequenz verwendet. Im Empfangsteil wird die Leitung zur Erkennung eines Start-Bits mit der 16fachen Taktrate überwacht.

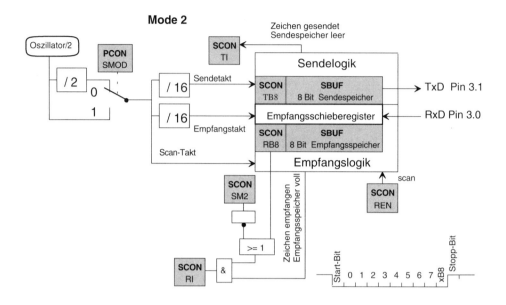

Abb. 3.18: Die serielle Schnittstelle im Mode 2

Das zusätzliche neunte Bit kann für verschiedene Zwecke verwendet werden. Oft wird dieses Bit als Parity Bit benützt. Der Sender bildet die Parity über seine acht zu sendenden Daten-Bit und speichert sie vor dem Senden in TB8 ab. Der Empfänger bildet die Parity über seine acht empfangenen Daten-Bit und überprüft sie mit der vom Sender geschickten Parity in RB8.

Durch einen speziellen Mechanismus erlaubt dieses neunte Bit die einfache Realisierung einer seriellen Übertragung zwischen mehreren Rechnern. Im folgenden soll das Prinzip dieser Mehrrechner-Kommunikation erklärt werden. Mehrere 8051 werden, wie in Abbildung 3.19 gezeigt, über ihre seriellen Verbindungen im Halbduplex-Betrieb gekoppelt. Ein 8051 ist der Master, die übrigen sind die Slaves. Die Zuteilung der Master-Funktion kann dynamisch verändert werden.

Eine wichtige Rolle in dieser Funktion hat das Steuer-Bit SM2 im Register SCON. Ist dieses Bit Null, so hat das neunte Daten-Bit keine spezielle Bedeutung und kann beliebig (z.B. als Parity) verwendet werden.

Ist es gesetzt, so ist die Mehrrechner-Kommunikation eingeschaltet. In diesem Zustand werden die empfangenen Daten nur gemeldet (RI = 1), falls das Bit RB8 = 1 ist. Damit wird ein sogenanntes Address Frame gekennzeichnet. Empfangene Daten mit RB8 = 0 setzen RI nicht und werden somit ignoriert. Damit ist ein Datenaustausch nach dem im folgenden beschriebenen Prinzip möglich.

Der Aufbau einer Datenverbindung zwischen dem Master und einem Slave läuft nach folgendem Prinzip ab:

- Die Slave-Prozessoren warten auf ein Address Frame (RB8 = 1). Dazu muss das Bit REN gesetzt sein. Zusätzlich muss das Bit SM2 in SCON = 1 sein, was zur Folge hat, dass das RI Flag nur gesetzt wird, wenn ein Address Frame (RB8 = 1) empfangen wird.

- Der Master sendet ein Address Frame (TB8 = 1) mit der Adresse des gewünschten Slave.

- Das empfangene Address Frame setzt in jedem Slave-Prozessor das RI Flag und erzeugt damit einen Interrupt, falls dieser freigegeben ist. Jeder Slave prüft jetzt, ob die empfangene Adresse im Address Frame mit der eigenen Adresse übereinstimmt.

- Der adressierte Slave setzt das Bit SM2 zurück. Damit wird sein RI Flag unabhängig vom Bit RB8 gesetzt. Er ist mit dem Master verbunden und kann Daten empfangen.

- Nun findet der Datenaustausch zwischen dem Master und dem adressierten Slave statt. Das neunte Daten-Bit der übertragenen Daten ist immer Null. Die anderen Slave-Prozessoren reagieren somit nicht auf diese Daten.

- Der Datenverkehr ist beendet, sobald der Slave sein SM2 Bit setzt und damit wiederum nur noch auf Address Frames reagiert. Wie das Ende der Datenübertragung durch den Slave festgestellt wird, muss im Protokoll zwischen Master und Slave festgelegt werden.

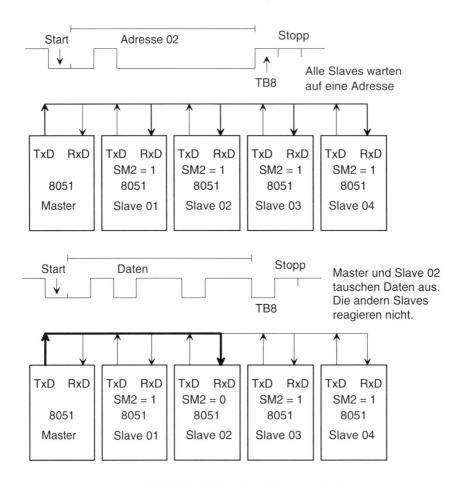

Abb. 3.19: Mehrrechner-Kommunikation

Falls nicht alle 8 Bits für die Adressierung der Rechner benötigt werden, kann das Address Frame zusätzlich mit einem Befehl versehen werden. Werden z.B. nicht mehr als 16 Prozessoren benötigt, so können die vier restlichen Bits im Address Frame zur Übertragung von Befehlen verwendet werden. Damit kann ein Master-Prozessor sehr einfach mit Ein-Byte-Datentransfers, über eine Zwei-Draht-Leitung, 16 verschiedene Befehle an 16 Slave-Prozessoren erteilen.

Abb. 3.20: Adresse und Befehl

d) Mode 3: 9-Bit-UART mit programmierbarer Baudrate

Der Mode 3 funktioniert gleich wie der Mode 2, jedoch mit programmierbarer Baudrate.

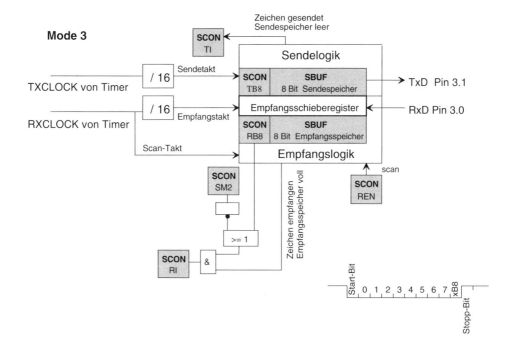

Abb. 3.21: Die serielle Schnittstelle im Mode 3

Die Baudraten in den Modes 0 und 2 sind fest und benötigen darum keinen Timer. Die Baudraten in den Modes 1 und 3 sind über Timer 1 oder, falls vorhanden, Timer 2 programmierbar.

3.5.2 Die Generierung der Baudraten für die Modes 1 und 3

In den Modes 1 und 3 der seriellen Übertragung kann die Baudrate entweder durch den Timer 1 (8 Bits), oder, im Falle eines 8052, auch durch den Timer 2 (16 Bits) erzeugt werden. Der Mode 2 benötigt keinen Timer, dafür ist die Baudrate fest.

Wird der Timer 1 verwendet, so ist dieser im Mode 2 (Auto Reload) zu programmieren. Jeder Timer Overflow erzeugt einen Taktpuls für die serielle Schnittstelle. Durch das Bit SMOD im Register PCON wird festgelegt, ob 1/32 (SMOD = 0) oder 1/16 (SMOD = 1) der Überlaufrate des Timer 1 als Baudrate verwendet wird (siehe Abbildung 3.22).

Der Ladewert des Timer 1 wird wie folgt berechnet:

$$TH1 = 256 - \frac{Quarzfrequenz}{12} * \frac{2^{SMOD}}{Baudrate * 32}$$

Ist der Timer 2 vorhanden, so kann dieser als Baudratengenerator verwendet werden. Sind die Bits RCLK und TCLK im Register T2CON gesetzt, so wird der Zählerüberlauf des Timer 2 durch 16 geteilt und als Taktsignal für die serielle Schnittstelle verwendet. Wird nur eines dieser Bits gesetzt, so ist es möglich, Sende- und Empfangs-Baudrate unterschiedlich zu programmieren. Allerdings werden dann der Timer 1 und der Timer 2 benötigt. Sobald RCLK oder TCLK gesetzt sind, arbeitet der Timer 2 als Baudratengenerator mit 1/2 Quarzfrequenz. Bei Verwendung des Timer 2 als Baudratengenerator wird der externe Load/Capture-Eingang nicht benötigt und kann als zusätzlicher Interrupt eingesetzt werden.

Der Ladewert des Timer 2 wird wie folgt berechnet:

$$RCAP2 = 65536 - \frac{Quarzfrequenz}{Baudrate * 32}$$

RCAP2 = 16 Bits High/Low

3.5.3 Übersicht über die Baudratengenerierung

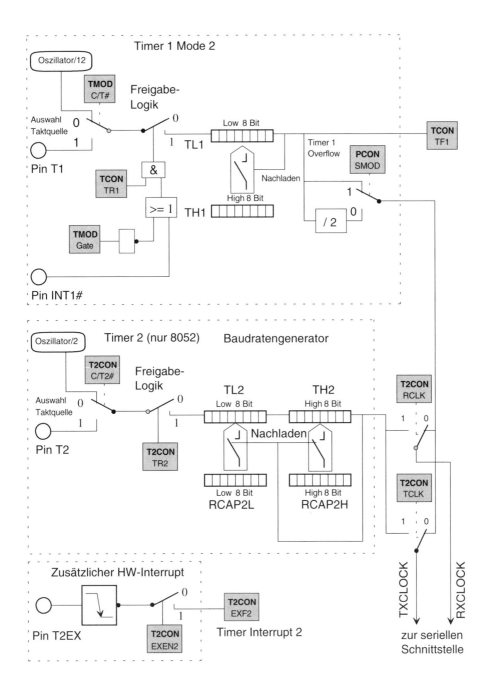

Abb. 3.22: Baudratengenerierung

3.5.4 Die Programmierung der seriellen Schnittstelle

Die Programmierung der seriellen Schnittstelle erfolgt über folgende Register im Special-Function-Bereich:

- Serial Port Buffer (SBUF); getrennte Sende- und Emfangsregister
- Prozessor Control Register (PCON)
- Serial Port Control Register (SCON)

Die folgenden drei Abbildungen zeigen den Aufbau und die Adressen dieser Register.

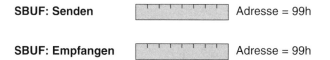

Ein in dieses Register geschriebener Wert wird übertragen, und ein empfangener Wert kann aus diesem Register gelesen werden.

Abb. 3.23: Serial Port Buffer (SBUF)

Das Bit SMOD im Register PCON steuert die zusätzliche Taktteilung bei Verwendung des Timer 1.

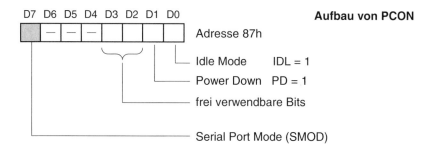

Abb. 3.24: Prozessor Control Register (PCON)

Die serielle Schnittstelle

SCON   **Serial Port Control**

SM0	SM1	SM2	REN	TB8	RB8	TI	RI
9F	9E	9D	9C	9B	9A	99	98

98h Byte-Adresse / Bit-Adressen

SM0	SM1	Betriebsart
0	0	Mode 0 serielle Steuerung von Schieberegistern
0	1	Mode 1 8-Bit-UART mit programmierbarer Baudrate
1	0	Mode 2 9-Bit-UART mit fester Baudrate
1	1	Mode 3 9-Bit-UART mit programmierbarer Baudrate

SM2   = 0 normaler Betrieb.
Die Bits RB8 und TB8 können beliebig verwendet werden.
In den Modes 0 und 1 sollte SM2 = 0 sein.

= 1 Mehrrechner-Kommunikation ist aktiv.
RI wird nur gesetzt, falls ein Zeichen mit RB8 = 1 empfangen wurde.

REN   Reception Enable

= 1 Empfangsleitung wird überwacht, und beim Auftreten eines Startbits das folgende Zeichen empfangen.

TB8   Transmit Bit 8: kann beliebig gesetzt oder gelöscht werden.

RB8   Receive Bit 8: neuntes empfangenes Bit in den Modes 2 und 3.

TI   Transmit Interrupt Flag
Zeigt mit Eins an, dass das Zeichen, welches in SBUF geschrieben wurde, gesendet ist und die Sendelogik für ein neues Zeichen bereit ist. Das Flag kann einen Interrupt auslösen, falls dieser freigegeben ist. Das TI Flag muss durch die Interrupt-Routine gelöscht werden.

RI   Receive Interrupt Flag
Zeigt mit Eins an, dass ein Zeichen empfangen wurde und in SBUF zum Abholen bereitliegt.
Das Flag kann einen Interrupt auslösen, falls dieser freigegeben ist. Das RI Flag muss durch die Interrupt-Routine gelöscht werden.

Abb. 3.25: Serial Port Control Register (SCON)

3.6 Übungen

Alle Programme in diesem Kapitel sind in Assembler 51 (siehe Kapitel "Die Entwicklungsumgebung" zu schreiben.

Thema Ports

a) Schreiben Sie ein Programm mit dem Namen "Blink", welches eine LED an Port 1 Bit 5 im Rhythmus 500 ms ein und 500 ms aus blinken lässt. Die Zeitverzögerung ist mit einer Schleife zu realisieren.

b) Lesen Sie einen Hex-Wert von Port 3 (Bits 0-3) und geben Sie den Wert an eine an der Port 1 angeschlossene 7-Segment-Anzeige aus.
Die 7-Segment-Anzeige ist wie folgt an Port 1 angeschlossen.

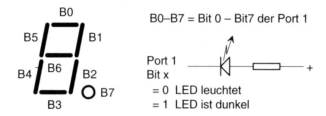

Thema Interrupt-System

a) Am Interrupt-Eingang INT0# liegt ein Signal mit einer Taktfrequenz von 100 Hz. Geben Sie die notwendigen Befehle für die Initialisierung des Interrupt-Systems an und schreiben Sie eine Interrupt Routine, welche die Zeit in folgenden, plausibel initialisierten Variabeln nachführt:

    sec   min   std

Thema Timer/Counter

Für die folgenden Übungen wird ein 12 MHz Takt vorausgesetzt.

a) Programmieren Sie eine einmalige Zeitverzögerung von 10ms. Nach dieser Zeit soll ein Interrupt ausgelöst werden. Verwenden Sie Timer 0.

b) Das in Aufgabe a) entwickelte Programm "Blink" ist als Timer Interrupt Routine umzuschreiben. Es ist der Timer 0 zu verwenden.

Thema serielle Schnittstelle

a) Geben Sie an, wie der Timer 1 programmiert werden muss, um eine Baudrate von 4800 Baud (bei 12 MHz Takt) zu erhalten.

b) Geben Sie an, wie der Timer 2 programmiert werden muss, um die Baudraten 9600 Bd und 19'200 Bd (bei 12 MHz Takt) zu erhalten.

c) Initialisieren Sie die serielle Schnittstelle für einen 8-Bit-Datentransfer mit 4800 Bd (bei 12 MHz Takt). Schreiben Sie ein Unterprogramm zum Senden eines Zeichens. Das zu sendende Zeichen wird im Register A übergeben. Das Unterprogramm soll warten, bis das Zeichen fertig übertragen wurde.

4

Die Entwicklungsumgebung

4.1 Integrierte Entwicklungsumgebungen

Für die Entwicklung von Software ist der Einsatz leistungsstarker Werkzeuge wie Editoren, Compiler, Linker und Testwerkzeuge und deren Zusammenspiel von grösster Bedeutung.

Im folgenden Kapitel wird zuerst die weitverbreitete Entwicklungsumgebung µVision1 der Firma Keil und die dazugehörigen Werkzeuge vorgestellt. Anschliessend folgt ein Überblick über das Nachfolgeprodukt µVision2.

4.2 Die integrierte Entwicklungsumgebung µVision1

Die Entwicklungsumgebung für die Mikrokontroller-Familie 8051 ist in der Abbildung 4.1 dargestellt. Die Werkzeuge sind mit Ausnahme des In-Circuit-Emulators in einer Windows-Benutzeroberfläche mit dem Namen µVision1 zusammengefasst.

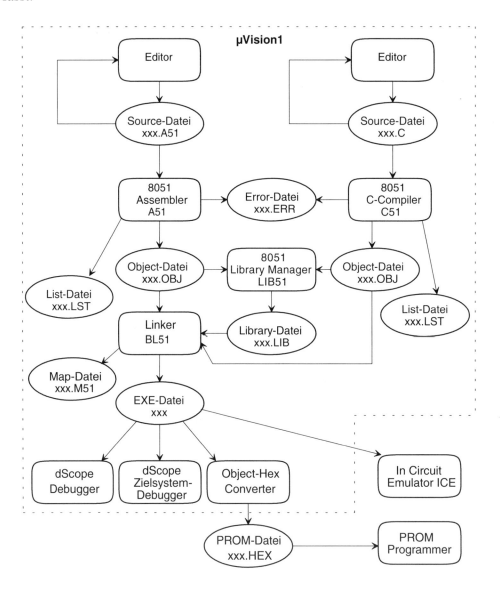

Abb. 4.1: Übersicht über die Entwicklungsumgebung µVision1

Die integrierte Entwicklungsumgebung μVision1 fasst die 8051-Tools in einer Benutzerumgebung zusammen und besteht aus folgenden Werkzeugen:

- **Editor**

  Einfacher Texteditor.

- **Assembler**   **A51**

  Der A51 ist ein Intel-kompatibler Makro-Assembler für die 8051 Mikrokontroller-Familie.

- **C51 Compiler**   **C51**

  Der C51 ist ein erweiterter ANSI C Cross Compiler, der den vollen Zugriff auf alle Ressourcen eines 8051-Systems zulässt.

- **Library Manager**   **LIB51**

  Der LIB51 ermöglicht das Erzeugen und Verwalten von Library-Dateien, welche Objekt-Module von C51 und A51 enthalten.

- **Linker**   **BL51**

  Der BL51 (Banked Linker) bindet mehrere Objekt-Module von A51, C51 und Objekt-Module aus Library-Dateien zu einem ausführbaren Programm zusammen.

- **Object-Hex Converter**   **OH51**

  Der OH51 erstellt aus einer ausführbaren, d.h. gelinkten Object-Datei ein Intel Hex File. Dieses wird z.B. für die PROM-Programmierung benötigt.

- **Source Level Debugger**   **dScope51**

  Das Programm dScope51 ermöglicht das Debuggen von Assembler- und C-Programmen auf Source Level.

- **Zielsystem-Debugger**   **dScope51**

  Das Programm dScope enthält einen Treiber (MON51), welcher es ermöglicht, Programme in einem Zielsystem zu testen. Dabei wird das Zielsystem über eine serielle Schnittstelle mit dem PC verbunden, auf welchem dScope mit MON51 läuft. Im Zielsystem muss ein zum MON51 passendes Monitor-Programm vorhanden sein.

Da die Programme einfach zu bedienen sind und gute Help-Funktionen enthalten, werden in den folgenden Abschnitten nur die wichtigsten Eigenschaften und Befehle der Werkzeuge kurz beschrieben. Für weitere Informationen ist die Original-Dokumentation der Firma Keil zu studieren.

Wie für die Prozessoren der 80x86-Familie gibt es auch für die Prozessoren der 8051-Familie "In-Circuit-Emulatoren", welche für den Test im Grenzbereich Hardware/Software benötigt werden.

Das folgende Bild zeigt die Bedienoberfläche von µVision1.

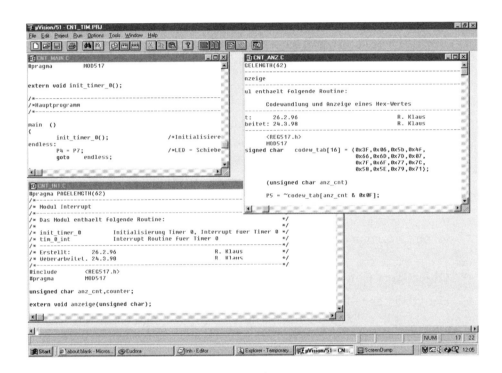

Abb. 4.2: Die Bedienoberfläche µVision1

Die integrierte Entwicklungsumgebung µVision1 fasst die 8051-Tools der Firma Keil in einer Benutzerumgebung zusammen. Programm-Module können darin einzeln editiert und übersetzt werden. Ein Projekt besteht aus einem oder mehreren Modulen in Assembler oder C. Ein neues Projekt wird mit **New Project** eröffnet, und die Dateinamen der zu diesem Projekt gehörenden Module werden mit **Edit Project** in die Projektdatei eingetragen. Mit der Make-Funktion können alle oder nur die geänderten Module neu übersetzt und gelinkt werden.

Die wichtigsten Menu-Punkte sind im folgenden aufgelistet:

- **File** *File-Behandlung*
    - **New** *neues File*
    - **Open** *File öffnen*
    - **Save** *File speichern*
    - **Save as** *File unter neuem Namen speichern*
    - **Close** *File schliessen*
    - **Print** *File drucken*
    - **Print Setup** *Drucker-Einstellungen*
    - **Exit** *µVision verlassen*

- **Edit** *Editor-Kommandos*
    - **Cut** *markierten Bereich ausschneiden*
    - **Copy** *markierten Bereich kopieren*
    - **Paste** *kopierten oder ausgeschnittenen Bereich einsetzen*
    - **Delete** *markierten Bereich löschen*
    - **Search** *Text-String suchen*
    - **Replace** *Text-String ersetzen*
    - **Go To** *gehe zu Zeilennummer*

- **Project** *Projekt-Definitionen*
    - **Compile File** *aktuelles File übersetzen*
    - **Build Project** *alle Files des Projektes übersetzen und linken*
    - **Update Project** *geänderte Files des Projektes übersetzen und linken*
    - **Link Project** *Projekt neu linken*
    - **New Project** *Projekt anlegen*
    - **Open Project** *Projekt öffnen*
    - **Edit Project** *Projekt ändern*
    - **Close Project** *Projekt schliessen*

- **Run** *Starten von Tools*
  - **dScope Debugger** *Debugger starten*
  - **Run Programm** *Programm starten*
  - **Application Manager** *Programm* in Run Menu aufnehmen

- **Options** *Optionen der Tools*
  - **A51** *Optionen des Assembler*
  - **C51** *Optionen des Compiler*
  - **BL51** *Optionen des Linker*
  - **dScope** *Optionen des Debugger*
  - **Environment** *Pfade definieren*
  - **Make** *Optionen für Make definieren*
  - **Editor** *Optionen des Editors definieren*

- **Windows** *Anzeigen der verschiedenen Fenster*
- **Help** *Hilfe*

4.3 Der A51 Assembler

Der Übersetzer A51 verfügt über Merkmale, welche mit anderen Assemblern wie z.B. TASM vergleichbar sind. Die folgenden Abschnitte enthalten darum keine vollständige Beschreibung des A51, sondern nur die wichtigsten Funktionen und spezielle, A51-spezifische Aspekte.

4.3.1 Moduldeklaration

Unter einem Modul versteht man eine Übersetzungseinheit. Jedes Modul hat neben dem Dateinamen auch einen Modulnamen, welcher für die folgenden Arbeitsgänge und die Verwaltung benötigt wird.

Ein Modul hat folgenden Aufbau:

```
        NAME    modulname
        .....
        .....
        .....
        .....
        END
```

4.3.2 Segmente

Ein Segment ist ein zusammenhängendes Stück Speicher. Jedes Modul besteht aus einem oder mehreren Segmenten.

Man unterscheidet absolute und verschiebbare (relozierbare) Segmente. Kleine, einfache Programme mit einem Modul können als absolutes Segment realisiert werden. Komplexere Programme mit mehreren Modulen sollten aus verschiebbaren Segmenten bestehen.

Ein absolutes Segment hat keinen Namen. Seine Adresse wird bereits beim Übersetzen festgelegt.

Ein verschiebbares Segment hat einen Namen und zur Beschreibung seiner Eigenschaften einen Typ und Attribute. Beim Link-Vorgang werden Segmente mit gleichem Namen zu einem Segment zusammengefasst. Verschiebbare Segmente haben zum Zeitpunkt der Übersetzung noch keine definierte Anfangsadresse. Die Anfangsadresse wird durch die Funktionen Linken und Locaten im Werkzeug BL51 festgelegt.

a) Verschiebbare Segmente

Mit der Segment-Anweisung werden Name und Eigenschaften eines verschiebbaren Segmentes definiert.

```
segment_name SEGMENT  segment_type   [reloc_type]
```

segment_name definiert den Namen des Segmentes.

segment_type bezeichnet die Art des Adressraumes des Segmentes.

      CODE   Programmspeicher (ROM, EPROM)
      DATA   direkt adressierbares, internes RAM
      IDATA   indirekt adressierbares, internes RAM (z.B. Stack)
      BIT   Bit-adressierbarer Teil des internen RAM
      XDATA   externes RAM

reloc_type bezeichnet die Art der Plazierung im Speicher (wird vom Linker ausgewertet).

    PAGE   spezifiziert ein Segment, dessen Anfangsadresse auf einem Vielfachen von 256 liegen muss. Page ist nur für Segmente des Typs CODE und XDATA gültig.

    INPAGE spezifiziert ein Segment, welches komplett innerhalb eines Blockes von 256 Bytes liegen muss.
              INPAGE ist nur für Segmente des Typs CODE und XDATA gültig.

    INBLOCK spezifiziert ein Segment, welches komplett innerhalb eines Blockes von 2048 Bytes liegen muss.
              INBLOCK ist nur für Segmente des Typs CODE gültig.

    UNIT   Standard-Einstellung; spezifiziert ein Segment, welches auf einer Einheit beginnen muss. Eine Einheit ist ein Bit für ein Segment vom Typ BIT und ein Byte für alle anderen Typen.

Nachdem die Segmente mit Namen und Eigenschaften definiert sind, kann ein bestimmtes Segment geöffnet werden. Der Assembler wird mit dem Befehl

    RSEG *segment_name*   (RSEG = relocatable Segment)

aufgefordert, die folgenden Befehle dem Segment mit dem Namen *segment_name* zuzuordnen.

Für jedes Segment existiert ein Location Counter. Sein Wert entspricht der Adresse, an welcher der nächste Befehl oder das nächste Datum abgelegt wird. Der Location Counter wird auf Null initialisiert und durch die Übersetzung eines Befehls um die Länge des Befehls im Speicher erhöht. Das Symbol $ entspricht dem aktuellen Stand des Location Counter.

Beispiel:
```
            NAME        demo
code_seg    SEGMENT     CODE
data_seg    SEGMENT     DATA
;
            RSEG        data_seg
            .....                       ;Datensegment
            .....
;
            RSEG        code_seg
            .....                       ;Codesegment
            .....
;
            END
```

b) Absolute Segmente

Absolute Segmente werden mit folgenden Befehlen erzeugt:

```
CSEG    [AT adresse]    Absolutes Codesegment
DSEG    [AT adresse]    Absolutes direkt adressierbares Datensegment
XSEG    [AT adresse]    Absolutes externes Datensegment
ISEG    [AT adresse]    Absolutes indirekt adressierbares Datensegment
BSEG    [AT adresse]    Absolutes Bit-adressierbares Datensegment
```

Wird eine Adresse angegeben, so wird das Segment für diese absolute Adresse übersetzt. Wird keine Adresse angegeben, so wird bezüglich der Adresse 0000 übersetzt oder, falls bereits ein Segment dieses Typs vorhanden ist, an das vorhandene Segment angeschlossen. Absolute Segmente können durch den BL51 nicht mehr verschoben werden.

Mit dem Befehl

ORG   Wert

kann der Wert des Location Counter verändert werden. In absoluten Segmenten wird der Location Counter gleich dem angegebenen Wert. In verschiebbaren Segmenten wird der Wert zum aktuellen Stand des Location Counter addiert.

Beispiel: Die zwei Module modul_a und modul_b enthalten folgende Segmente:

- CSEG   Initialisierungscode und Vector-Tabelle als absolutes Segment (nur Modul a)
- code_s   Programmcode
- daten_s   Datenspeicher im internen RAM
- stack_s   Stack (nur Modul a)

Beim Linken werden gleichnamige Segmente zusammengefasst und beim Locaten so verändert, dass sie an einer definierbaren Adresse lauffähig sind.

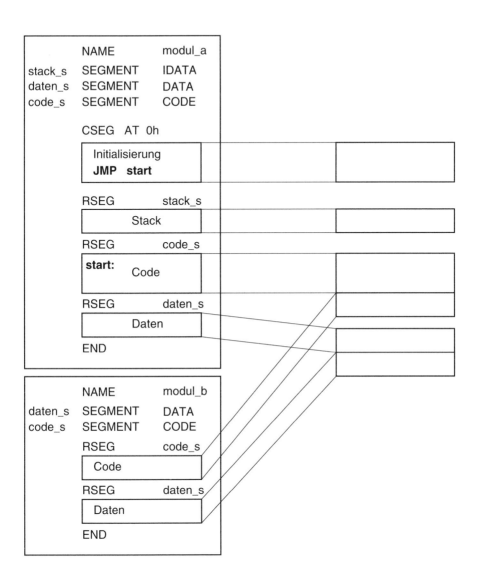

Abb. 4.3: Linken von zwei Modulen

4.3.3 Deklaration von Speicherplatz

Es existieren folgende Pseudobefehle für die Reservation von Speicherplatz:

label: **DS**		*anzahl*	DS reserviert die *anzahl* Bytes (nicht initialisierter Speicher) ab der symbolischen Adresse *label*.

Beispiel:
```
        RSEG    stack_s
var_a:  DS      10
```

label: **DBIT**		*anzahl*	DBIT reserviert die *anzahl* Bits ab der symbolischen Adresse *label*.

Beispiel:
```
        RSEG    bit_data_s
flag:   DBIT    1
```

label: **DB**		*w1[,w2,...]*	DB reserviert ein oder mehrere Bytes ab der symbolischen Adresse *label* mit dem Inhalt *w1, w2, ...* (initialisierter Speicher). DB ist nur in Segmenten vom Typ CODE erlaubt.

Beispiel:
```
        RSEG    code_s
tab:    DB      1,2,3,4,5,6
text:   DB      'Hallo'
```
Text zwischen ' ' wird als ASCII-Code abgelegt.

label: **DW**		*w1[,w2,...]*	DW reserviert ein oder mehrere 16-Bit-Werte ab der symbolischen Adresse *label* mit dem Inhalt *w1, w2, ...* (initialisierter Speicher). DW ist nur in Segmenten vom Typ CODE erlaubt. Es wird zuerst das höherwertige und dann das niederwertige Byte gespeichert (umgekehrt wie bei den 80x86-Prozessoren!).

Beispiel:
```
        RSEG    code_s
ptr:    DW      tab
```

4.3.4 Symbole

a) **Zugelassene Zeichen**

Symbole sind Namen, welche Segmente, Speicheradressen, Register oder Zahlen repräsentieren. Ein Symbol ist durch verschiedene Attribute wie Art des Symbols, Wert und eventuell Segmenttyp charakterisiert. Symbole können maximal 31 Zeichen lang sein und dürfen folgende Zeichen beinhalten:

1. Zeichen	Buchstaben, '?', '_'
2. ....31. Zeichen	Buchstaben, Ziffern, '?', '_'

b) **Symbolarten**

Segment

Das Symbol wird mit dem Befehl SEGMENT definiert und repräsentiert ein verschiebbares Segment.

Beispiel: `data_s    SEGMENT    DATA`

Address

Das Symbol wird als Label, abgeschlossen mit einem Doppelpunkt, oder durch einen Pseudobefehl definiert. Es repräsentiert eine Speicheradresse und ist mit einem Segmenttyp behaftet, welcher festlegt, in welchen Adressraum das Symbol zeigt.

Beispiele:
```
loop_1:    JB    x,loop_1
Zaehler:   DB    15
```

Register

Das Symbol repräsentiert ein Register und ist durch A51 vordefiniert.

Beispiele: `MOV    R0,#15h`

Number

Das Symbol repräsentiert eine Zahl und ist durch eine EQU-Anweisung vom Anwender festgelegt worden.

Beispiele:
```
maske    EQU   11110000b    ;(binär)
maske1   EQU   0F0h         ;(hexadezimal)
maske2   EQU   240          ;(dezimal)
zeichen  EQU   'A'          ;(ASCII)
```

c) Vordefinierte Symbole

Im Assembler sind bestimmte Symbole bereits definiert und können vom Anwender verwendet werden. Die folgende Aufstellung enthält die wichtigsten vordefinierten Symbole für den 8051.

Arbeitsregister: R0, R1, ... , R7, A, ACC, B, DPTR, DPL, DPH, SP,

Steuerregister:
P0, P1, P2, P3
PCON
TCON, TMOD, TL0, TL1, TH0, TH1
SCON, SBUF
IE, IP, PSW

Bit-Register:
	PSW:	CY, AC, F0, RS1, RS0, OV, P
	TCON:	TF0, TR0, TF1, TR1, IE0, IT0, IE1, IT1
	IE:	EA, ES, ET1, EX1, ET0, EX0
	IP:	PS, PT1, PX1, PT0, PX0
	P3:	RD, WR, T1, T0, INT1, INT0, TXD, RXD
	SCON:	SM0, SM1, SM2, REN, TB8, RB8, TI, RI

Wird ein anderer Prozessor verwendet, so muss eine Datei mit den entsprechenden Symboldefinitionen mit der Include-Anweisung geladen werden.

Beispiel: $INCLUDE(REG517.INC)

Um Doppeldefinitionen zu vermeiden, müssen die 8051-Symbole in µVision bei den Options des Assembler A51, unter *Options-Object-Define 8051 SFR* ausgeschaltet werden.

d) Verwenden von Bit-Adressen

Bit-Adressen können auf zwei verschiedene Arten angegeben werden:

- Direkte Angabe der Bit-Adresse im Bereich von 0...255 (0...0FFh).
  Bit-Adressen im Bereich 0...127 (0...3Fh) liegen im internen Speicher an den Byte-Adressen 20h...2Fh. Bit-Adressen im Bereich 128...255 (80h...0FFh) sprechen die SFR an. Die Bit-Adressen der SFR haben vordefinierte Symbole. Bit-Variabeln im Bit-Bereich werden mit DBIT definiert.

  Beispiel:
  ```
              NAME      demo
  code_seg    SEGMENT   CODE
  bit_seg     SEGMENT   BIT
  ;
              RSEG      bit_seg
  x:          DBIT      1           ; Bit-Variable x
  y:          DBIT      1           ; Bit-Variable y
  ;
              RSEG      code_seg
              SETB      32h         ; Bit-Adresse 32h
              CLR       x
              SETB      y
  ;
              END
  ```

  Wie Byte-Variabeln sollten Bit-Variabeln definiert und symbolisch angesprochen werden. Absolute, numerische Adressierung ist fehleranfällig und sollte vermieden werden.

- Die Angabe der Byte-Basis des zu adressierenden Bit und die Position des Bit werden durch einen Punkt getrennt.

  Beispiel:
  ```
              SETB      P0.1
              CLR       P3.0
  ```

4.3.5 Modulverknüpfungen

Intermodul-Referenzen werden mit Symbolen hergestellt. Ein Symbol ist nur in dem Modul gültig, in dem es definiert wurde. Der Gültigkeitsbereich von Address- und Number-(EQU)-Symbolen kann aber mit den Anweisungen PUBLIC und EXTRN auf andere Module erweitert werden.

- `PUBLIC name [,name.... ]`

  Mit der PUBLIC-Anweisung werden Symbole als global erklärt und so für andere Module zugänglich gemacht.

- `EXTRN typ (name[,name...])[,typ(name[,name...])]`

  Mit der EXTERN-Anweisung wird erklärt, dass die aufgeführten Symbole in einem anderen Modul definiert und vom angegebenen Typ sind. Folgende Typen sind zulässig:
  - CODE — Programmspeicher
  - XDATA — externer Datenspeicher
  - DATA — interner Datenspeicher
  - IDATA — interner, nur indirekt adressierbarer Datenspeicher
  - BIT — interner, Bit-adressierbarer Datenspeicher
  - NUMBER — absolutes Symbol (EQU)

Beispiel:
```
            NAME      main
code_seg    SEGMENT   CODE
stack_seg   SEGMENT   IDATA
data_seg    SEGMENT   DATA
;
            PUBLIC    x,y
            EXTRN     CODE(init,anzeige)
;
            RSEG      stack_seg
tos:        DS        10
;
            RSEG      data_seg
x:          DS        1
y:          DS        1
;
            CSEG      AT 0
            JMP       start
;
```

```
                RSEG        code_seg
start:          MOV         SP,#tos
                CALL        init
;
cycle:          .......
                CALL        anzeige
                .......
                JMP         cycle
                END




                NAME        init_modul
code_seg        SEGMENT     CODE
;
                PUBLIC      init
                EXTRN       DATA(x,y)
;
                RSEG        code_seg
init:           MOV         x,#0
                MOV         y,#10
                .......
                .......
                RET
                END




                NAME        anz_modul
code_seg        SEGMENT     CODE
;
                PUBLIC      anzeige
                EXTRN       DATA(y)
;
                RSEG        code_seg
anzeige:        .......
                MOV    A,y
                .......
                RET
                END
```

4.3.6 Makros

Makros sind analog zu andern Assemblern zu definieren. Der Code der Makro-Definition wird bei jedem Aufruf in den Quellcode eingesetzt. Die wichtigsten Befehle sind die Makro-Definition und die Makro-Anweisung. Ein Makro kann Parameter haben. Die Formal-Parameter werden bei der Anwendung des Makros durch die Aktual-Parameter ersetzt.

Makro-Definition

```
macro_name    MACRO    [Formal-Parameter,....]
              .......
              .......
              .......
              .......
              ENDM
```

Makro-Anweisung

```
              macro_name [Aktual-Parameter,....]
```

Falls ein Makro Symbole enthält, so müssen diese mit der LOCAL-Anweisung lokal definiert werden, damit bei mehrmaligem Aufruf das Symbol nicht mehrfach definiert wird.

```
              LOCAL   symbol [,symbol.....]
```

Das folgende Beispiel zeigt folgende drei Makros:

- `rot_l_4_A`   rotiere das Register A um vier Stellen nach links.
- `rot_l_4_Rs_Rd`   rotiere das Source Register um vier Stellen nach links und speichere das Resultat im Destination Register. Die Register werden als Parameter übergeben.
- `rot_l_n_Rs_Rd`   rotiere das Source Register um n Stellen nach links und speichere das Resultat im Destination Register. Die Register und der Wert n werden als Parameter übergeben.

Makro-Definition

```
rot_l_4_A       MACRO
                RL      A
                RL      A
                RL      A
                RL      A
                ENDM
;
rot_l_4_Rs_Rd   MACRO   reg_s,reg_d
                MOV     A,reg_s         ; Source Register
                RL      A
                RL      A
                RL      A
                RL      A
                MOV     reg_d,A         ; Destination Register
                ENDM
;
rot_l_n_Rs_Rd   MACRO   reg_s,reg_d,n
                LOCAL   cycle
                MOV     A,reg_s         ; Source Register
                MOV     R0,#n
cycle:          RL      A
                DJNZ    R0,cycle
                MOV     reg_d,A         ; Destination Register
                ENDM
;
```

Makro-Anweisung

```
                RSEG    code_s
start:          .....
                .....
                MOV     A,R1            ; rotiere R1 4 * links
                rot_l_4_A
                MOV     R1,A
;
                MOV     A,R0
                rot_l_4_A               ; rotiere R0 4 * links
                MOV     R0,A

;
                rot_l_4_Rs_Rd   R1,R3   ; rotiere R1 4 * links
                                        ; und speichere in R3
                rot_l_4_Rs_Rd   R7,R7   ; rotiere R7 4 * links
                                        ; und speichere in R7
;
                rot_l_n_Rs_Rd   R1,R3,2 ; rotiere R1 2 * links
                                        ; und speichere in R3
                rot_l_n_Rs_Rd   R7,R7,4 ; rotiere R7 4 * links
                                        ; und speichere in R4
;
                .....
                .....
```

4.3.7 Assembler-Steueranweisungen

Assembler-Steueranweisungen können an beliebiger Stelle im Source File stehen und bestimmen die Arbeitsweise des Übersetzers. Die wichtigsten Steueranweisungen werden im folgenden kurz erklärt:

```
$EJECT              Neue Seite im Listing
$INCLUDE (file)     Das File wird an dieser Stelle eingefügt
```

Für weitere Steueranweisungen siehe die Originaldokumentation der Firma Keil.

4.3.8 Aufruf des Assemblers

Der Assembler wird aus der Windows-Oberfläche µVision1 wie folgt aufgerufen:

Project   Compile File   File übersetzen

oder

Project   Make: Build Project alle Files des Projektes übersetzen und neu linken

Die Steuerparameter des Assembler können durch folgendes Kommando eingestellt werden:

Options   A51 Assembler

Falls symbolisch getestet werden soll, so muss beim Assembler die Option **Include Debug Information** angegeben werden.

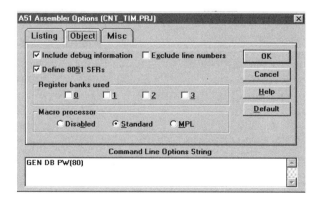

Abb. 4.4: Assembler Options Object

4.4 Der C51 Compiler

4.4.1 Übersicht über die Sprache C51

Der Befehlsumfang des C51 Compiler entspricht der ANSI-Standard-C-Definition (ANSI = American National Standards Institute).

Es wird davon ausgegangen, dass der Leser mit der Sprache C vertraut ist. Darum werden im folgenden nur die wichtigsten Elemente tabellenartig angegeben.

Einfaches Beispiel:

```
/************************************/
/*        Einfaches Beispiel in C51 */
/*                                  */
/*        LED an Port 0 blinken     */
/************************************/

void wait (void)
      {
      unsigned int   i;
      i = 0;
      while (i < 25000)   {i = i+1;}
      }


void main (void)
{
for (;;)
      {
      P0 = 0x00;
      wait();
      P0 = 0xFF;
      wait();
      }
}
```

4.4.2 Programmstrukturen

Element	**Erläuterung**
| ```
void main (void)
{
         /*Programm*/
}
``` | *Das Hauptprogramm heisst immer* **main** *und steht zwischen geschweiften Klammern. Der Ausdruck* void *bedeutet leer, d.h. keine Parameter.*<br><br>*Kommentar steht in  /*           */* |
| `if (ausdruck) befehl;` | *Einfachverzweigung mit einem Befehl*
Beispiel:
`if (a == 15) b = 0 ;` |
| ```
if (ausdruck)
   {
    befehl1;
    befehl2;
   }
``` | *Einfachverzweigung mit mehreren Befehlen*<br><br>*Die Befehle werden durch geschweifte Klammern zu einem Befehl zusammengefasst.*<br><br>Beispiel:<br>```
if (a == 15)  {
              b = 0;
              c = 1;
              }
``` |
| ```
if   (ausdruck) befehl;
else            befehl;
``` | *Einfachverzweigung mit Else-Zweig*<br><br>Beispiel:<br>```
if (a == 15) b = 0 ;
else         b = 1 ;
``` |
```

Element	Erläuterung
| ```
switch (ausdruck)
{
case    const1: Befehl; break;
case    const2: Befehl; break;
case    const3: Befehl; break;
default        : Befehl;
}
``` | *Case-Konstruktion*<br><br>*Achtung:*<br>**break** ist unbedingt notwendig, sonst werden die folgenden Zweige auch ausgeführt!<br><br>**default** entspricht Rest-Block<br><br>Beispiel:<br><br>```
switch (a)
{
case '2':   b = 12; break;
case '5':   b = 15; break;
case '9':   b = 19; break;
default:    b = 0;
}
``` |
| `while (ausdruck) befehl;` | *While-Schleife*<br><br>Beispiele:<br><br>```
while (a == 15) a = a + 1;

while (b <= a)  {
                x = x + 1;
                y = y - 2;
                }
``` |
| ```
do    befehl;
while (ausdruck);
``` | *Do-While-Schleife*<br><br>Beispiele:<br><br>```
do    a = a + 1;
while (a < 15);
``` |
```

```
for (init;bedingung;aktion)
    befehl;
```

For-Schleife
- init *setzt die for-Variable auf den Startwert*
- bedingung *formuliert die Abbruch-Bedingung*
- aktion *definiert die Aktion am Ende der Schleife*

Beispiele:

```
for (i = 0;i < 15;i=i + 1)
    a = a + 1;

for (x = 0;x <=10;x = x + 1)
    a = a + 2;

for(;;)
{
/* Endlos-Schleife */
}
```

4.4.3 Prozeduren und Funktionen

Element

```
f_type res_type name(type par1,...)
{
    /* Prozedur oder Funktion */
return (x);
}
```

Erläuterung

Prozedur oder Funktions-Definition

Bei einer Prozedur müssen nur f_type *und, falls vorhanden, Typ und Name der Parameter angegeben werden:*

- *f_type* leer   = *Public*
           static = *Lokal*
           extern = *Extern*

Bei einer Funktion muss zusätzlich mit res_type *der Typ des Resultates angegeben werden, welches mit* return () *zurückgegeben wird.*

Beispiele: Definition   Beispiele: Aufruf

```
void add (void)                                        add ();
{
a = b +c;  /*a, b, c =global */
}

void ausgabe (char x, char y)                          ausgabe (a,b);
{
P3 = x & y;      /*& = AND */
}

char logik (char x, char y)                            z = logik (x,y);
{
return ( x ^ y);  /* ^ = OR */
}

extern int bin_bcd (int wert);                         bcd = bin_bcd(binaer);
```

```
void name (void) interrupt n using x
{
/* Prozedur */
}
```
Interrupt-Prozedur

interrupt n *bewirkt, dass an der Stelle 3+(n * 8) ein Sprung in die Interrupt-Routine generiert wird (IE0: 0; TF0: 1; IE1: 2; TF1: 3; TI/RI (TI0/RI0): 4, TF2/EXF2: 5 usw).*

using x *gibt an, welche Registerbank die Interrupt-Routine verwenden soll.*

Der C-Compiler ordnet die Interrupt-Nummern n den Einsprungsstellen wie folgt zu: Einsprungsstelle := 3 + n*8

Beispiel:
```
void timer2 (void)interrupt 5 using 1
{
}
```
Interrupt-Routine mit Sprung an der Adresse 2Bh, welche die Registerbank 1 benutzt

4.4.4 Datendeklaration

Element	Erläuterung
`data_type name;`	*Variabeln, welche auf der Hauptebene deklariert werden, sind globale Variabeln. Variabeln, welche in einer Prozedur deklariert werden, sind lokale Variabeln.*

Beispiele:

```
char zeichen;
int  wert_a;
```

extern `data_type name;`	*Auf globale Variabeln kann aus anderen Modulen zugegriffen werden, falls dort die Variabeln als extern deklariert werden.*

Beispiel:

```
extern char buchstabe;
```

code `data_type name=konst;`	*Mit* **code** *kann eine Konstante in den Codebereich gelegt und initialisiert werden.*

Beispiele:

```
code  char   space = 0x20;
code  char   tab[4]= {0,1,2,3};
```

xdata `data_type name;`	*Mit* **xdata** *kann eine Variable in den externen Speicher gelegt werden.*

Beispiel: Array mit 1000 Integer-Werten

```
xdata   int   messwert[1000];
```

4.4.5 Konstanten-Definitionen

Element	Erläuterung	
`wert`	*Dezimal*	20 = 14h
`0wert`	**Oktal**	**020 = 10h**
	Achtung: Werte welche mit Null beginnen, sind Oktal!	
`0xwert`	*Hexadezimal*	0x20 = 20h
	Werte, welche mit 0x beginnen, sind hexadezimal.	

4.4.6 Datentypen

Element	Erläuterung
`unsigned char`	*8-Bit unsigned Binary*
`unsigned int` oder `unsigned short`	*16-Bit unsigned Binary*
`unsigned long`	*32-Bit unsigned Binary*
`signed char`	*8-Bit Integer*
`signed int` oder `signed short`	*16-Bit Integer*
`signed long`	*32-Bit Integer*
`float oder double`	*32-Bit Real (9 Bit Exp, 23 Bit Mantisse)*

Beispiele:

```
unsigned char  c,d;
unsigned int   e,f,g;
```

`data_type name[anzahl];`	*Array*
	
	Beispiele:
	
	`char tab[10];`
	`code int wert[4]={12,15,34,32};`

`data_type *name;`	*Generic Pointer: enthält Angaben über den Speichertyp des Datenelementes (data, idata, code, xdata).*
	Ein Generic Pointer ist immer 3 Byte gross.
	
	*name zeigt auf eine Variable vom Typ data_type.
	
	Beispiel:
	
	`char  x;`
	`char *ptr;`
	`ptr = &x;      /* & = Adresse von x*/`
	`*ptr = 11;     /* entspricht  x = 11*/`

`data_type mem_type *name;`	*Memory specific Pointer: Die Deklaration (mem_type) legt den Speichertyp (data, idata, code, xdata) fest. Grösse:1 Byte für data und idata, 2Byte für xdata und code.*
	
	Memory specific Pointers laufen auf dem 8051 optimaler als Generic Pointer, da der Speichertyp bereits zur Zeit der Kompilierung bekannt ist.
	
	Beispiel:
	
	`char  x;`
	`char data *ptr;`
	`ptr = &x;      /* & = Adresse von */`
	`*ptr = 11;     /* entspricht  x = 11*/`

4.4.7 Arithmetische Operatoren

Element	Erläuterung
+ - * /	*Grundrechenarten*
%	*Rest bei Ganzzahl-Division*
++ --	*Inkrement, Dekrement:* *Steht ++ (--) vor der Variabel, wird sie vorher, steht es nach der Variabel, wird sie nachher erhöht (erniedrigt).*

Beispiele:

```
a = 5;
b = ++ a;    /* a = 6, b = 6 */
b = a ++;    /* a = 6, b = 5 */
```

4.4.8 Zuweisungs-Operatoren

Element	Erläuterung
=	*einfache Zuweisung*

Beispiel:

```
a = b;
```

Element	Erläuterung
+= -= *= /=	*kombinierte Zuweisung* *a += b; bedeutet a = a + b;*
<<= >>=	*kombinierte Zuweisung (Shift-Anweisung)* *a <<= 2; bedeutet a = a << 2;*

4.4.9 Logische Operatoren

Element	Erläuterung
||	*Logisches Oder*
&&	*Logisches Und*
!	*Logisches Not*

Werte != 0 (ungleich Null) sind Wahr
Werte = 0   (gleich Null) sind Falsch

Das Resultat einer logischen Operation ist immer Wahr oder Falsch.

Beispiel:

```
if (a && b) x = 15;
```

Element	Erläuterung
| (AltGr 7)	*Bit-weise Operationen Or*
&	*Bit-weise Operationen And*
^	*Bit-weise Operationen Exor*
~	*Bit-weise Operationen Not*

Beispiele:

```
a = ~b;     /* a := NOT b   */
a = b & c;  /* a := b AND c */
```

Element	Erläuterung
>>	*rechts schieben*
<<	*links schieben*

Beispiel:

```
a = b << 2    /* a = b * 4 */
```

4.4.10 Vergleichs-Operatoren

<	*kleiner*	<=	*kleiner gleich*	==	*gleich*
>	*grösser*	>=	*grösser gleich*	!=	*ungleich*

4.4.11 Definieren von SFR-Symbolen

Element	Erläuterung
`sfr` name = adresse;	*Definieren einer symbolischen Byte-Adresse*
	Beispiel:
	`sfr port_1 = 0x90;`
`sbit` name = bit_adresse; `sbit` name = adresse^position;	*Definieren einer symbolischen Bit-Adresse*
	Beispiel:
	`sbit led = 0x92;` `sbit led = port_1^2;`

4.4.12 Definition von Datentypen

Element	**Erläuterung**
typedef data_type new_type;	*Definieren eines neuen Datentyps*

Beispiel:

```
typedef unsigned char uchar;

uchar a;    /* a ist unsigned char*/
```

enum new_type {a, b, c,...};	*Aufzählungstyp-Werte sind immer vom Typ Integer*

Beispiel:

```
enum states {ruhe, betrieb, fehler, hochlauf};
int  zust;

zust = betrieb;
```

struct new_type {type name;type name};	*Strukturen werden als Typ deklariert.*
struct new_type name;	*Dann wird mit dem neuen Typ eine Variable definiert.*

Beispiel:

```
struct ev_type  {char jahr; char monat, char tag; int nr[4];};

struct ev_type event[4];    /* Variable definieren vom */
                            /* Type ev_type            */

event[2].tag    = 15;       /* Zugriff mit name.name   */
event[1].nr[3] = 1000;
```

4.4.13 Compiler-Steueranweisungen

Steueranweisung	Erläuterung
#pragma eject	*Bewirkt einen Seitenumbruch im Listing*
#pragma pagelength (n)	*Definiert die Anzahl Zeilen pro Seite im Listing*
#pragma pagewidth (m)	*Definiert die Anzahl Spalten pro Seite im Listing*
#include < name >	*Übernehmen von Include-Dateien aus dem "Include File Directory"*
#include "name"	*Übernehmen von Include-Dateien aus dem aktuellen Verzeichnis*

4.4.14 Startup File

Beim Linkvorgang wird automatisch das File "startup.A51" dazugebunden. Dieses Programm enthält das Löschen des internen Speichers und einen Sprung in das Hauptprogramm. Je nach Bedarf kann das File "startup.A51" vom Anwender angepasst werden.

4.4.15 Run Time Library

Die Library des C51 enthält über 100 Funktionen für folgende Bereiche:
- String-Bearbeitung
- Daten-Konversionen
- mathematische Funktionen
- Speicherverwaltung

114   Die Entwicklungsumgebung

4.4.16 Aufruf des Compilers

Der Compiler wird aus der Windows-Oberfläche µVision1 wie folgt aufgerufen:

Project   Compile File   File übersetzen

oder

Project   Make: Build Project   alle Files des Projektes übersetzen und neu linken

Die Steuerparameter des Compilers können durch folgendes Kommando eingestellt werden:

Options   C51 Compiler

Falls symbolisch getestet werden soll, so muss beim Compiler die Option **Include Debug Information** und **Include extended Debug Information** angegeben werden.

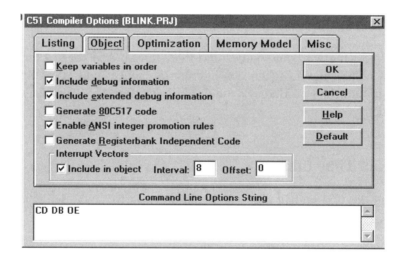

Abb. 4.5: Compiler Options Object

4.5 Der Linker

Der Linker wird verwendet, um mehrere übersetzte Programm-Module zu einem Modul zu binden und verschiebbare Segmente so zu modifizieren, dass sie an bestimmten Adressen ablauffähig sind (Locate-Funktion). Der Linker wird aus µVision1 wie folgt aufgerufen:

Project   Make: Build Project oder **Project   Make: Update Project**

Die Steuerparameter des Linker können durch folgendes Kommando eingestellt werden:

Options   BL51-Linker

Falls symbolisch getestet werden soll, so ist die Option **Include Symbols** anzugeben.

Die Locate-Funktion des Linker plaziert die einzelnen Segmente automatisch im Speicher. Normalerweise ist diese Plazierung zufriedenstellend. Bei speziellen Bedürfnissen können die einzelnen Segmente aber an ganz bestimmte Adressen gelegt werden. Dazu sind Einstellungen im Menu *Options BL51 Size/Location* nötig.

Achtung: Beim Test mit dem Zielsystem-Debugger ist dafür zu sorgen, dass der Code oberhalb der Interrupt-Einsprungsstellen liegt! Dies kann wie folgt erreicht werden: Options   BL51   Size/Location   Code Address = 100

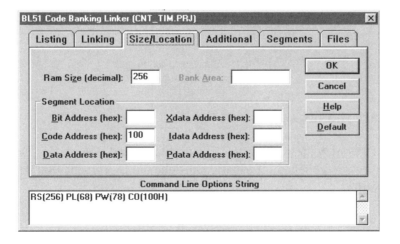

Abb. 4.6: Linker Options Size/Location

4.6 Der Source Level Debugger dScope51

Der Debugger dScope ist entweder als Simulator oder als Zielsystem-Debugger einsetzbar.

4.6.1 Simulator

Der übersetzte und gelinkte Code wird im PC simuliert. Da der 80x86-Prozessor des PC den 8051-Code nicht ausführen kann, müssen der Prozessor und die Peripherie softwaremässig simuliert werden. Da die Peripherie je nach Prozessor (z.B. 8051 oder 80C517) unterschiedlich ist, muss ein passender Treiber für die Simulation der Peripherie geladen werden. Man spricht darum auch von einem Simulator.

4.6.2 Zielsystem-Debugger

Durch das Laden eines speziellen Treibers (MON51) kann der Simulator als Zielsystem-Debugger eingesetzt werden. Der übersetzte und gelinkte Code wird via eine serielle Schnittstelle in ein 8051-kompatibles Zielsystem geladen und dort ausgeführt. Dazu muss im Zielsystem ein geeignetes Monitor-Programm vorhanden sein, welches zusammen mit dem Debugger und dem Treiber MON51 das kontrollierte Ablaufen des Programmes im Zielsystem erlaubt.

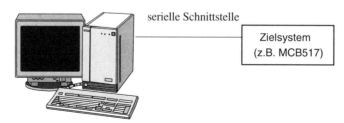

Abb. 4.7: Zielsystem-Debugger

4.6.3 Start von dScope

Im folgenden werden die wichtigsten Eigenschaften und Befehle des Debugger angegeben. Für weitergehende Informationen siehe die Dokumentation des dScope51 der Firma Keil.

Der Debugger wird aus µVision1 wie folgt aufgerufen:

Run   dScope Debugger

4.6.4 Hauptfenster von dScope51

Im Hauptfenster von dScope51 können je nach Bedarf verschiedene Fenster mit bestimmten Funktionen aktiviert werden. Die wichtigsten Fenster sind:

- Debug   Anzeige des Programmes
- Command   Eingabe der Befehle
- Register   Anzeige der Register
- Watch   Anzeige der überwachten Variabeln
- Memory   Anzeige eines Speicherbereiches
- Toolbox   Verfügbare Befehle
- Symbol   Verwendete Symbole

Die Abbildung 4.8 zeigt die Bedienoberfläche von dScope51 und die wichtigsten Fenster.

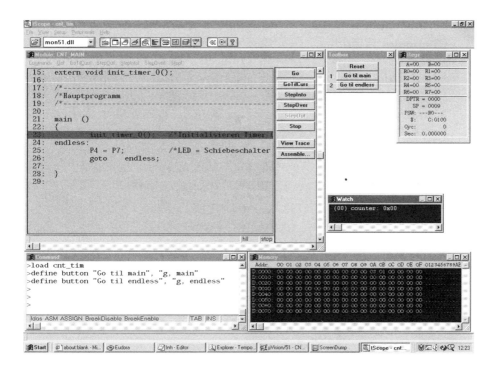

Abb. 4.8: Die Bedienoberfläche von dScope51

118   Die Entwicklungsumgebung

Es existieren folgende Pull-down-Menüs:

- **File** *Filebehandlung*
  - **Load Object File** *laden des zu testenden Files*
  - **Load CPU Driver** *laden eines Prozessor-Treibers*
    - *80517.DLL* *Prozessor 80517*
    - *MON51.DLL* *laden für Test mit dem Zielsystem*
  - **Exit dScope** *dScope verlassen*

- **View** *Auswahl der anzuzeigenden Fenster*
  - **Tool Bar** *Werkzeug-Leiste am oberen Rand*
  - **Status Bar** *Status-Leiste am unteren Rand*
  - **Register Windows** *Anzeige der Register*
  - **Debug Windows** *Debug-Fenster*
    (separate Beschreibung nächste Seite)
  - **Serial Windows** *Zustand der seriellen Schnittstellen*
  - **Command Windows** *Befehls-Fenster*
    (separate Beschreibung nächste Seite)
  - **Watch Windows** *Anzeige der zu überwachenden Variabeln*
  - **Performance Analyzer** *Anzeige der Ausführungszeiten*
  - **Memory Windows** *Anzeige des selektierten Speicherbereiches*
  - **Symbol Windows** *Anzeige der Symbole*
  - **Code Coverage** *Anzeige der Codebenutzung*
  - **Tool Box** *Zusätzlich einrichtbare Befehle*
  - **Call Stack** *Anzeige des Stack-Aufbaus*

- **Setup** *Einstellungen*

- **Peripherals** *Anzeige des Zustandes der Peripherie*

  Je nach geladenem CPU-Treiber ist die verfügbare Peripherie unterschiedlich.

- **Help**

4.6.5 Einfacher Test

Für einen einfachen Test wird folgendes benötigt:

Hauptfenster

Load CPU Driver	*Laden eines Prozessor-Treibers*
	***MON51** Laden für Test mit dem Zielsystem*
Load Object File	*Laden des zu testenden Programmes*
View	
Debug Windows	*Debug-Fenster*
Command Windows	*Befehls-Fenster*
Memory Windows	*Falls benötigt Anzeige des selektierten Speicherbereiches*
Register Windows	*Falls benötigt Anzeige der Register*
Exit dScope	*dScope verlassen*

Im Debug Window

Commands	*Einstellen, ob High Level Language, Assembly oder Mixed*

Folgende Befehle für den Test sind verfügbar

Go	*Starte Programm ab aktuellem Programmcounter*
Stop	*Stoppe Programm*
GoTilCurs	*Starte Programm ab aktuellem Programm-Counter und gehe bis zur markierten Zeile*
StepInto	*Einen Schritt ausführen. Gehe in Unterprogramme.*
StepOver	*Einen Schritt ausführen. Unterprogramme als einen Schritt ausführen*
StepOut	*Unterprogramme verlassen*

Folgende Befehle sind im Command Window auszuführen:

Verändern von Registern

Register = Ausdruck   *Ändern von Registern*

                        Beispiele: R0 = 15h   (hex)
                                        R0 = 0x15   (hex)
                                        R1 = 15   (dezimal)
                                        A = 22

Anzeigen von Daten

name   *Anzeige des Wertes der Variablen* **name**

D mtyp:startadr [,endadr]   Display: *Anzeigen von Speicherinhalt*
                            Die Werte werden im Command Window oder,
                            falls geöffnet, im Memory Window angezeigt.

                            mtyp bezeichnet den Memory-Bereich
                            D = Datenbereich intern
                            B = Bit-Bereich
                            I = Idata-Bereich intern, indirekt
                            X = Xdata extern
                            C = Code

                            Beispiele:

                            D D:0,100h   *Daten intern 0...100h*
                            D D:32   *Daten intern 32....*
                            D C:100h,200h   *Code 100h...200h*
                            D var   *Falls symbolisch*
                                                  Typ nicht notwendig

Ändern von Daten

name = wert Ändern des Wertes der Variablen **name**

E v_typ m_typ:adr = wert Enter: Eingabe, Ändern von Speicherinhalten

v_typ bezeichnet den Typ der Variablen

E B = Enter als Bit
E C = Enter als Character (Byte)
E I   = Enter als Integer (Word)
E L = Enter als Long Integer
E F = Enter als Float (Real)
E P = Enter als Pointer

m_typ bezeichnet den Memory Bereich

D = Datenbereich intern
B = Bit-Bereich
I = Idata-Bereich intern, indirekt
X = Xdata extern
C = Code

Beispiele:

E C D:10h = 20   Adresse 10h intern wird mit 20 geladen.

E I X:100h = 400h   Adresse 100h extern wird mit 400h Int geladen.

E I X:100h = -1   Adresse 100h extern wird mit -1 Int geladen.

E F D:20h = 12.3   Adresse 20h intern wird mit 12.3 Real geladen.

E P D:10h = D:20   Adresse 10h intern wird mit einem Pointer auf
                           die Adresse 20 im internen Datenbereich geladen.

E P D:10h = C:20h   Adresse 10h intern wird mit einem Pointer auf
                           die Adresse 20h im Codebereich geladen.

122   Die Entwicklungsumgebung

4.6.6 Starten des dScope über eine Batch-Datei

Der Start-Vorgang von dScope kann über eine Batch-Datei gesteuert werden. Dazu werden die beim Start benötigten Befehle in einer Datei mit der Extension .ini abgelegt. Die wichtigsten Befehle beim Starten von dScope sind:

- load   Laden des CPU-Treibers und des Programms.
- ws   Watchpoint Set: Überwachen einer Variablen im Watch Window.
- define button   Es kann eine Toolbox mit vordefinierten Befehlen konfiguriert werden.

Die folgende Datei wird zum Starten von dScope für das Demonstrations-Beispiel verwendet:

Beispiel: MCB537.INI

```
load C:\c51\bin\mon51.DLL
load zus_bg                         /* use the project name here */

define button "Go til main", "g, main"
define button "Go til endless", "g, endless"

ws anz_cnt
```

Mit dem folgenden Befehl wird die Batch-Datei MCB537.INI dem dScope Debugger zugewiesen:

- **Options   dScope Debugger**

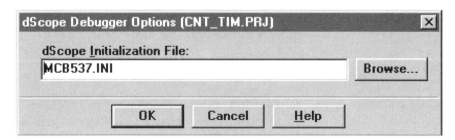

Abb. 4.9: dScope Options

4.7 Einfaches Beispiel mit Target Debugger

4.7.1 Beschreibung des Beispiels

Die folgenden Programme sind auf einer Baugruppe MCB517 der Firma Keil mit einem Prozessor 80C517 lauffähig, welche sich für unser Beispiel genau wie ein 8051 mit zusätzlichen Ports verhält. Daran angeschlossen ist eine Zusatz-Baugruppe mit einer 7-Segment-Anzeige, vier Tasten, einem Hex-Schalter, acht Schiebeschaltern und acht LED.

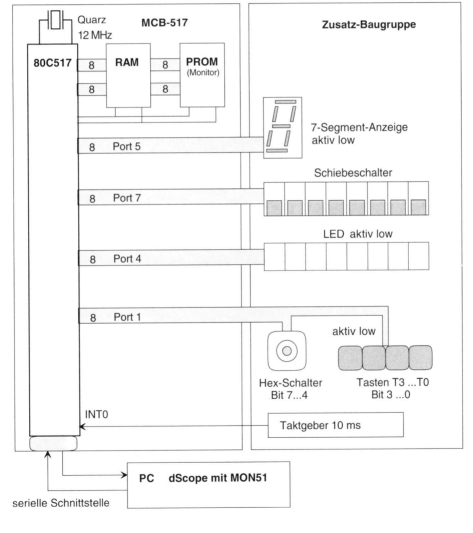

Abb. 4.10: Zielsystem für Demo-Beispiel

124   Die Entwicklungsumgebung

Achtung: Beim Testen mit dScope als Zielsystem-Debugger dürfen die serielle Schnittstelle und der zugehörige Interrupt nicht verändert werden!

Das Beispiel-Programm enthält folgende Funktionen:

- Es liest laufend den Wert der Schiebeschalter und gibt ihn an die LED aus.

- Im Abstand von einer Sekunde werden an der 7-Segment-Anzeige die Werte 0, 1, 2, 3, ..., F angezeigt.

Um die Problematik von mehreren Modulen zu zeigen, wurden beide Programme in Module aufgeteilt:

- CNT_MAIN   Hauptprogramm

- CNT_INT   Initialisierung des Timer 0 und des Interrupt-Systems
               Interrupt-Routine für Timer 0

- CNT_ANZ   Codewandlung Hex-7-Segment und Ausgabe

Auf den folgenden Seiten finden Sie die drei Programm-Module je in Assembler 51 und in C51.

4.7.2 Beispiel in Assembler 51

```
;---------------------------------------------------------------
; Demoprogramm Assembler 8051
;---------------------------------------------------------------
; Das Programm initialisiert den Timer 0 und das Interrupt-
; System. Die Interrupt-Routine zaehlt an der 7-Segment-Anzeige
; von 0-F.
; Das Hauptprogramm gibt den Wert der Schiebeschalter an die
; LED.
;---------------------------------------------------------------
; Erstellt:        26.2.96                    R. Klaus
; Ueberarbeitet: 24.3.98
;---------------------------------------------------------------
                NAME    demo_main
;
                EXTRN   CODE    (init_timer_0,tim_0_int)
;
$INCLUDE(C:\c51\asm\REG517.INC)
;
stack_s         SEGMENT IDATA
code_s          SEGMENT CODE
;
;------ Stacksegment
                RSEG    stack_s
tos:            DS      10

;------ Entry Point by Power Up
                CSEG    AT      0
entry:          JMP     start
;
;------ Interrupt Vektor Tabelle
                ORG     0Bh
timint0:        JMP     tim_0_int
;---
;------ Verschiebbares Codesegment
                RSEG    code_s
start:          MOV     SP,#tos         ; Lade SP mit Top of
                                        ; Stack
                CALL    init_timer_0    ; Initialisieren Timer 0
                                        ; und Interrupt fuer
                                        ; Timer 0
;
loop:           MOV     P4,P7           ; LED := Schiebeschalter
                JMP     loop            ; Endlos-Schleife

                END
```

```
;----------------------------------------------------------------
; Modul Interrupt
;----------------------------------------------------------------
; init_timer_0      Initialisieren Interrupt fuer Timer 0
; tim_0_int         Interrupt-Routine fuer Timer 0
;----------------------------------------------------------------
; Erstellt:       26.2.96                         R. Klaus
; Ueberarbeitet: 24.3.98
;----------------------------------------------------------------
                NAME    int
;
$INCLUDE(C:\c51\asm\REG517.INC)
;
                PUBLIC  init_timer_0,tim_0_int
                EXTRN   CODE(anzeige)
;
code_s          SEGMENT CODE
data_s          SEGMENT DATA
;------ Datensegment
                RSEG    data_s
counter:        DS      1
anz_cnt:        DS      1
;
;------ Verschiebbares Codesegment
                RSEG    code_s
;
;------ Intitialisierung Timer 0 und Timer Interrupt
init_timer_0:   MOV     anz_cnt,#0      ;counter fuer Anzeige
                MOV     counter,#10     ;counter fuer
                                        ; Interrupt-Routine
                MOV     TH0,#3Ch        ;65536-50000=15536 =
                MOV     TL0,#0B0h       ;3CB0h --> 50ms
                MOV     tmod,#00000001b ;Timer Mode laden
                ANL     tcon,#0Fh
                ORL     tcon,#00010000b ;Timer Control laden
                ORL     ien0,#10000010b ;Enable Timer Interrupt
                RET
;
;------ Interruptroutine
tim_0_int:      PUSH    PSW
                PUSH    ACC
                PUSH    DPH
                PUSH    DPL
                DJNZ    counter,return  ;counter abgelaufen
                MOV     counter,#10     ;counter neu laden
                MOV     A,anz_cnt
                CALL    anzeige         ;Anzeige
                INC     anz_cnt         ;counter erhoehen
return:         MOV     TH0,#3Ch        ;Zaehler 0 High Laden
                MOV     TL0,#0B0h       ;Zaehler 0 Low  Laden
                POP     DPL
                POP     DPH
                POP     ACC
                POP     PSW
                RETI
                END
```

```
;---------------------------------------------------------------
; Modul Anzeige
;---------------------------------------------------------------
; Das Modul enthaelt folgende Routine:
;
; anzeige         Codewandlung und Anzeige eines Hex-Wertes
;---------------------------------------------------------------
; Erstellt:       26.2.96                           R. Klaus
; Ueberarbeitet:  24.3.98
;---------------------------------------------------------------
                NAME    anzeige_modul
;
$INCLUDE(C:\c51\asm\REG517.INC)
;
segm_anz        EQU     P5
;
                PUBLIC  anzeige
;
code_s          SEGMENT CODE
                RSEG    code_s
;
;------ Unterprogramm Codewandlung
;
anzeige:        ANL     A,#0Fh
                MOV     DPTR,#codew_tab
                MOVC    A,@A+DPTR
                CPL     A
                MOV     segm_anz,A
                RET

codew_tab:      DB      3Fh      ;0
                DB      06H      ;1
                DB      5bH      ;2
                DB      4FH      ;3
                DB      66H      ;4
                DB      6DH      ;5
                DB      7DH      ;6
                DB      07H      ;7
                DB      7FH      ;8
                DB      6FH      ;9
                DB      77H      ;A
                DB      7CH      ;B
                DB      58H      ;C
                DB      5EH      ;D
                DB      79H      ;E
                DB      71H      ;F

                END
```

4.7.3 Beispiel in C51

```c
#pragma PAGELENGTH(62)
/*--------------------------------------------------------------*/
/* Demoprogramm C51                                             */
/* Das Programm initialisiert den Timer 0 und das               */
/* Interrupt-System. Die Interrupt-Routine zaehlt an der        */
/* 7-Segment-Anzeige von 0-F.                                   */
/* Das Hauptprogramm gibt den Wert der Schiebeschalter an       */
/* die LED.                                                     */
/*--------------------------------------------------------------*/
/* Erstellt:       26.2.96             R. Klaus                 */
/* Ueberarbeitet: 24.3.98              R. Klaus                 */
/*--------------------------------------------------------------*/
#include        <REG517.h>
#pragma         MOD517

extern void init_timer_0();

/*--------------------------------------------------------------*/
/*Hauptprogramm                                                 */
/*--------------------------------------------------------------*/

void main  (void)
{
        init_timer_0();         /*Initialisieren Timer 0 */
endless:
        P4 = P7;                /*LED = Schiebeschalter  */
        goto    endless;
}

#pragma PAGELENGTH(62)
/*--------------------------------------------------------------*/
/* Modul Anzeige                                                */
/*--------------------------------------------------------------*/
/* Das Modul enthaelt folgende Routine:                         */
/*                                                              */
/* anzeige      Codewandlung und Anzeige eines Hex-Wertes       */
/*--------------------------------------------------------------*/
/* Erstellt:       26.2.96             R. Klaus                 */
/* Ueberarbeitet: 24.3.98              R. Klaus                 */
/*--------------------------------------------------------------*/
#include        <REG517.h>
#pragma         MOD517
code unsigned char codew_tab[16] = {0x3F,0x06,0x5b,0x4f,
                                    0x66,0x6D,0x7D,0x07,
                                    0x7F,0x6F,0x77,0x7C,
                                    0x58,0x5E,0x79,0x71};

void anzeige (unsigned char anz_cnt)
{
        P5 = ~codew_tab[anz_cnt & 0x0F];
}
```

Einfaches Beispiel mit Target Debugger

```c
#pragma PAGELENGTH(62)
/*---------------------------------------------------------------*/
/* Modul Interrupt                                               */
/*---------------------------------------------------------------*/
/* Das Modul enthaelt folgende Routine:                          */
/*                                                               */
/* init_timer_0  Init Timer 0, Interrupt fuer Timer 0            */
/* tim_0_int     Interrupt Routine fuer Timer 0                  */
/*---------------------------------------------------------------*/
/* Erstellt:        26.2.96        R. Klaus                      */
/* Ueberarbeitet: 24.3.98          R. Klaus                      */
/*---------------------------------------------------------------*/
#include         <REG517.h>
#pragma          MOD517

unsigned char anz_cnt,counter;

extern void anzeige(unsigned char);

/*---------------------------------------------------------------*/
/*Initialisierung Timer 0 und Interrupt-System                   */
/*---------------------------------------------------------------*/
void init_timer_0 (void)
{
counter = 10;                /* 10 * 50 ms = 500ms              */
anz_cnt = 0;                 /* Anzeige Nummer = 0              */
TH0 = 0x3C;                  /* Timer 0 mit 50000 laden         */
TL0 = 0xB0;                  /* 65536 - 50000 = 15536 =3CB0h    */
TMOD = 0x01;                 /* Timer 0 Mode 1                  */
TR0 = 1;                     /* Timer 0 Run                     */
ET0 = 1;                     /* Enable Int Timer 1              */
EAL = 1;                     /* Enable Interrupt                */
}


/*---------------------------------------------------------------*/
/*Interrupt-Routine fuer Anzeige mit Timer 0                     */
/*---------------------------------------------------------------*/
void tim_0_int (void) interrupt 1
{
counter = counter - 1;       /* Falls Counter = 0               */
if (counter == 0)
{       counter = 10;
        anzeige(anz_cnt);    /* Codewandlung und Anzeige        */
        anz_cnt = anz_cnt + 1; /* Anzeige Nummer erhoehen       */
}
TH0 = 0x3C;                  /* Timer 0 mit 50000 laden         */
TL0 = 0xB0;                  /* 65536 - 50000 = 15536 =3CB0h    */
}
```

4.8 Die integrierte Entwicklungsumgebung µVision2

4.8.1 Überblick

Die Entwicklungsumgebung µVision2 integriert die Werkzeuge für verschiedene Mikrokontroller-Familien wie 8051 und 80C166. Da µVision2 einfach zu bedienen ist und eine umfangreiche online Dokumentation verfügbar ist, werden in den folgenden Abschnitten nur die wichtigsten Merkmale und Funktionen beschrieben.

Nachdem ein Projekt eröffnet und ein Mikrokontroller-Typ definiert wurde, kann über **Books** im **Project Window** auf die Dokumentation zugegriffen werden. Das **Project Window** kann im Menü **View** aktiviert und deaktiviert werden.

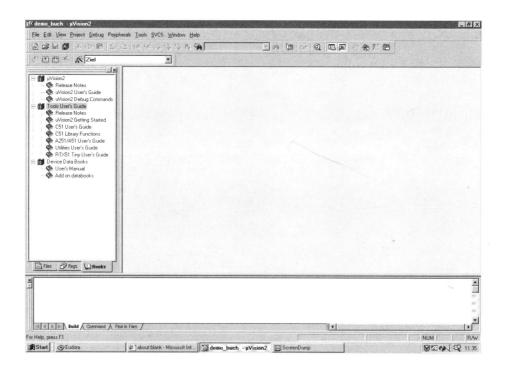

Abb. 4.11: Zugriff auf die µVision2 Dokumentation

4.8.2 Anlegen eines Projektes

Ein neues Projekt wird im Menü **Project** mit dem Befehl **New Project...** angelegt. Dabei ist es vorteilhaft, für ein neues Projekt ein separates Unterverzeichnis zu verwenden. Beim Erstellen eines neuen Projektes muss das Unterverzeichnis, der Projektname und der Mikrokontroller-Typ angegeben werden. Aufgrund dieser Angaben erstellt µVision2 eine Projektdatei mit dem Namen *Projektname.uv2*, in welcher die Eigenschaften und das Umfeld des Projektes abgelegt sind. Durch den Befehl **Options for Target** im Menü **Project** können die Optionen der einzelnen Werkzeuge definiert werden.

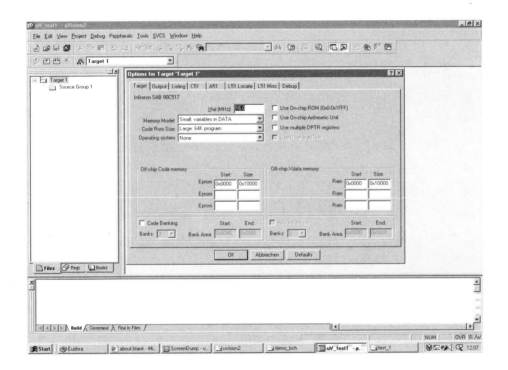

Abb. 4.12: Optionen der Werkzeuge

Unter **Target 1** wird beim Erstellen eines neuen Projektes eine **Source Group 1** angelegt. Durch Aktivieren dieses Feldes und Drücken der rechten Maustaste kann über den Befehl **Add Files to Group** dem Projekt eine Datei zugeordnet werden. Eine zugeordnete Datei kann durch **Remove File** wieder aus dem Projekt entfernt werden. Durch Anklicken einer unter **Source Group** eingetragenen Datei wird diese geöffnet.

132 Die Entwicklungsumgebung

4.8.3 Importieren eines µVision1-Projektes

Ein bestehendes µVision1-Projekt kann mit dem Befehl **Import µVision1 Project** im Menü **Project** importiert werden, wobei das neue Projekt im gleichen Unterverzeichnis angelegt werden muss wie das importierte Projekt. Nachdem der neue Projektname und der Mikrokontroller-Typ definiert wurde, muss der Name des µVision1 Projektes angegeben werden.

4.8.4 Optionen der Werkzeuge

Durch den Befehl **Options for Target** im Menü **Project** können die Optionen der einzelnen Werkzeuge definiert werden. Für unsere Anwendungen sind folgende Optionen einzustellen:

a)   Target

Bei den Target-Optionen wählen wir für das verwendete Board MCB-517:
- Memory Model: small, d.h. Daten im internen RAM
- Code ROM Size: 64K, d.h. normale Sprung- und CALL-Befehle
- Use On-Chip Arithmetic Unit
- Use multiple DPTR

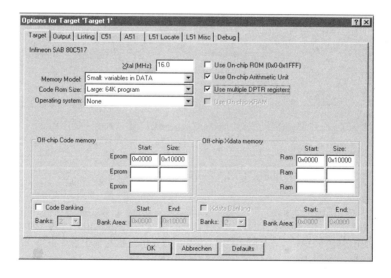

Abb. 4.13: Options Target

b) Output

Damit symbolisch getestet werden kann, muss die Option **Debug Information** aktiviert sein. Falls ein PROM programmiert werden muss, ist die Option **Create HEX File** zu wählen.

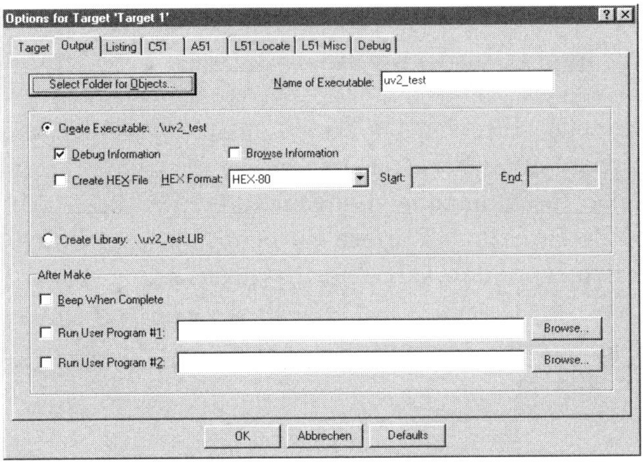

Abb. 4.14: Options Output

c) L51 Locate

Da das Monitor-Programm für die serielle Schnittstelle selbständig einen Sprung zur Interrupt-Routine einsetzt, darf der Code erst ab der Adresse 100h beginnen.

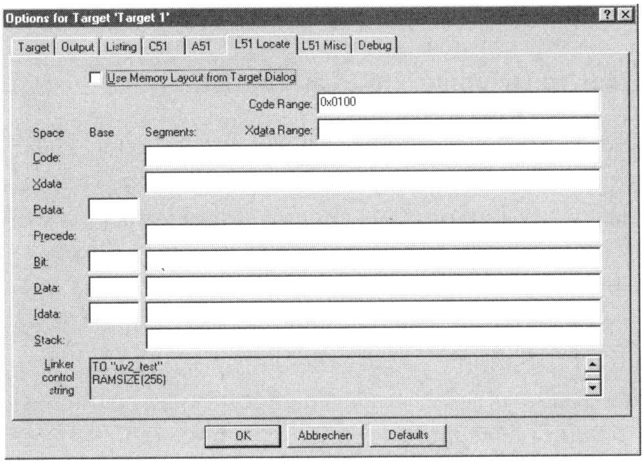

Abb. 4.15: Options Target

4.8.5 Übersetzen und Linken

Mit dem Befehl **Translate** im Menü **Project** wird die geöffnete Datei übersetzt. Mit **Build Target** wird das Projekt neu gelinkt und mit **Rebuild all Target Files** das ganze Projekt neu übersetzt und gelinkt.

4.8.6 Mehrere Targets im Projekt

In einem Projekt können verschiedene Targets angelegt werden. Damit wird erreicht, dass die Software eines Projektes einfach an verschiedene Mikrokontroller oder für verschiedene Testbedingungen angepasst werden kann. Mit dem Befehl **Targets, Groups, Files** im Menü **Project** wird ein Fenster geöffnet, mit dem ein neues Target eingerichtet werden kann. Für das neue Target kann dann mit dem Befehl **Select Devices for Target...** im Menü **Project** der gewünschte Mikrokontroller und durch den Befehl **Options for Target** die Optionen der einzelnen Werkzeuge definiert werden.

4.8.7 Testen

Durch den Befehl **Options for Target** im Menü **Project** wird das Option Window geöffnet. Im Fenster **Debug** können die Optionen des Debuggers festgelegt werden. Es sind folgende zwei Testkonfigurationen wählbar:

- Testen mit dem Debugger im PC (Simulation)

- Testen mit dem Zielsystemdebugger in einem Zielsystem

a)   Testen mit dem Debugger im PC (Simulation)

Das Programm wird durch den Debugger im PC abgearbeitet. Dabei wird der auswählte Mikrokontroller-Typ mit seiner Peripherie simuliert. Der Zustand der Peripherie kann über das Menü **Peripherals** angezeigt und verändert werden.

Durch das Auswählen der entsprechenden Optionen wird die Anwendung beim Start des Debuggers automatisch geladen und das Programm bis zum Main ausgeführt. Mit der Optionen **Restore Debug Session Settings** können einmal eingerichtete Testhilfen wie Breakpoints und Watchpoints gespeichert werden, so dass der Debugger diese beim nächsten Start automatisch wieder einrichten kann.

Die integrierte Entwicklungsumgebung µVision2   135

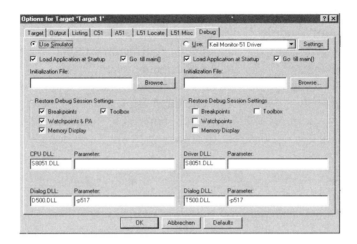

Abb. 4.16: Options Debug Use Simulator

b)   Testen mit dem Zielsystemdebugger in einem Zielsystem

Mit der Einstellung **Use Keil Monitor-51 Driver** kann das Programm über eine serielle Schnittstelle in ein Zielsystem geladen und dort getestet werden.

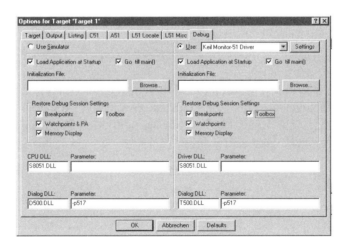

Abb. 4.17: Options Debug Use Keil Monitor-51 Driver

Der Debugger wird mit dem Befehl **Start/Stop Debug Session** im Menü **Debug** gestartet.

Im Debugger können folgende Fenster aktiviert werden:

- **Programm Module**
  Die vor dem Start des Debuggers geöffneten Module werden in diesem Fenster angezeigt. Ein gelber Pfeil am linken Rand zeigt den aktuellen Stand des Programmcounters. Durch Doppelklicken auf das Feld am linken Rand neben der Befehlszeile kann ein Breakpoint gesetzt werden. Gesetzte Breakpoints werden durch ein rotes Rechteck angezeigt. Durch Doppelklicken auf das rote Rechteck wird ein Breakpoint wieder gelöscht.

- **Register**
  Die aktuellen Registerinhalte werden angezeigt. Durch Anklicken eines Registerwertes kann dieser direkt geändert werden.

- **Disassembly**
  Das Fenster zeigt den Source-Code und den rückwärts übersetzten Maschinencode.

- **Memory**
  Im Memory Window kann ein Speicherausschnitt angezeigt werden. Die Startadresse wird durch das Feld **Address** definiert. Durch Drücken der rechten Maustaste im Memory Window können die Werte auf verschiedene Arten dargestellt und der durch die Mausposition selektierte Wert kann modifiziert werden.

- **Watch**
  Im Watch Window werden die aktuellen Inhalte von Variablen angezeigt. Durch Drücken der rechten Maustaste im Watch Window kann die Darstellung des durch die Mausposition selektierten Wertes ausgewählt und der Wert direkt verändert werden.

- **Symbols**
  Das Symbol Window zeigt alle definierten Symbole mit Ihrer Adresse oder Ihrem Wert.

Die integrierte Entwicklungsumgebung µVision2   137

Die einzelnen Fenster können im Menü **View** aktiviert und deaktiviert werden.

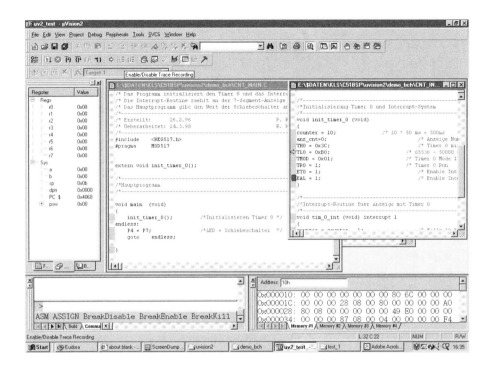

Abb. 4.18: Debugger

Mit der Option **Debug Toolbar** im Menü **View** werden die wichtigsten Testbefehle als Toolbar verfügbar.

Abb. 4.19: Debug Toolbar

Es können folgende Befehle über die Toolbar aktiviert werden:

- Reset   Rücksetzen des Prozessors.
- GO (F5)   Starten des Programmes ab der aktuellen Stelle.
- Step into (F11)   Ausführen eines Befehls. Funktionen werden schrittweise abgearbeitet.
- Step over (F10)   Ausführen eines Befehls. Funktionen werden als ein Befehl abgearbeitet.
- Run to Cursor (Cntr / F10)   Das Programm wird bis zum Stand des Cursors ausgeführt.
- Show next Statement   Zeigt den Ausschnitt mit dem als nächstes auszuführenden Befehl an.
- Activate/deactivate Window   Durch entsprechende Symbole können die einzelnen Windows geöffnet und geschlossen werden.

Einige häufig verwendete Befehle lassen sich auch direkt durch Funktionstasten starten.

4.9 Übungen

Die folgenden Aufgaben beziehen sich auf das im Buch enthaltene Demo-Beispiel und sind in Assembler und C zu programmieren:

a) Verändern Sie das Zählintervall, so dass nur noch halb so schnell gezählt wird.

b) Ändern Sie das Beispiel, so dass der an den Bit 0–3 der Schiebeschalter eingestellte Wert an der 7-Segment-Anzeige angezeigt wird.

c) Ändern Sie das Beispiel, so dass der am Hex-Schalter eingestellte Wert an der 7-Segment-Anzeige angezeigt wird.

Architektur des 80C517

5.1 Die wesentlichen Unterschiede zum 8051

Die Kontroller 80C515, 80C517, 80C517A und C517A sind aufwärtskompatibel zum 8051. Da der 80C517 weit verbreitet ist, wird im folgenden dieser Baustein näher beschrieben. Der 80C515 ist die Vorgängerversion des 80C517 und enthält nicht alle Funktionen des 80C517. Die Versionen 80C517A und C517A sind Nachfolgemodelle der Prozessoren 80C515 und 80C517 mit einigen Erweiterungen.

Typ	Clock MHz	ROM KByte	RAM Byte	I/O Ports 8Bit	Timer/Counter	Interrupt Vectors/Levels	serial I/O	PWM	ADC Inputs/Resolution
80C517	12	8	256	7 I/O 1.5 I	4	14/4	2 UART	21	12/8
80C537	12	-	256	7 I/O 1.5 I	4	14/4	2 UART	21	12/8
80C517A	18	-	256 +2048	7 I/O 1.5 I	4	17/4	2 UART	21	12/10
83C517A-5	18	32	256 +2048	7 I/O 1.5 I	4	17/4	2 UART	21	12/10
C517A-L	24	-	256 +2048	7 I/O 1.5 I	4	17/4	2 UART	21	12/10
C517A-R	24	32	256 +2048	7 I/O 1.5 I	4	17/4	2 UART	21	12/10

Die wesentlichen Unterschiede des 80C517 zum 8051 sind:
- Zusätzliche I/O-Ports
- Integrierter Analog/Digital-Wandler
- Zusätzlicher Timer/Counter
- Integrierte Pulsweiten-Modulationseinheit
- Zusätzliche serielle Schnittstelle
- Erweitertes Interrupt-System
- Integrierte schnelle Multiplikations-/Divisions-Einheit
- Zusätzliche sieben Data Pointers
- Erweiterte Massnahmen zur Leistungsreduzierung
- Fail-Save-Mechanismus (Watch Dog)

5.2 Übersicht über die Funktionen

Die Abbildung 5.1 zeigt einen Überblick über die Funktionen des 80C517. Die fett gezeichneten Einheiten sind neu, die anderen sind gleich wie beim 8051.

Der Kontroller kann als Minimalsystem oder als erweitertes System betrieben werden. Ein Minimalsystem besteht aus einem 80C517 und einer Taktquelle. Ein erweitertes System besteht aus einem 80C517 mit Taktquelle und nach Bedarf angeschaltetem externem Speicher und externem Input/Output. Ein wesentlicher Vorteil eines 80C517 gegenüber dem 8051 sind die zusätzlichen Ports, womit auch bei einem erweiterten System noch genügend I/O-Ports vorhanden sind. Die Abbildung 5.2 zeigt das Prinzip der Anschaltung von Peripherie.

Funktions-Übersicht des 80C517 143

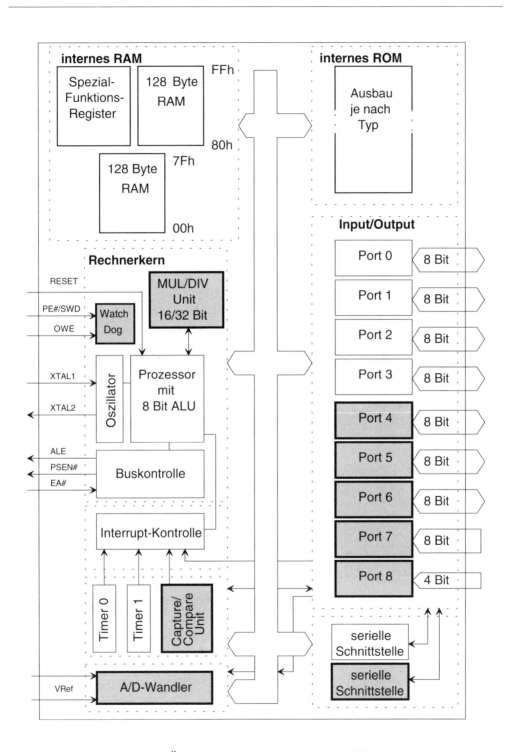

Abb. 5.1: Übersicht über die Funktionen des 80C517

144 Architektur des 80C517

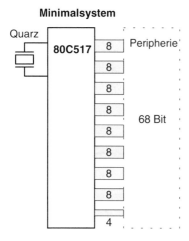

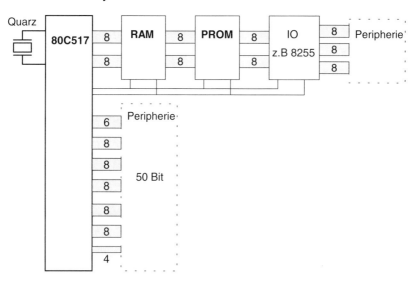

Abb. 5.2: Anschaltung der Peripherie

Das Prinzip der erweiterten Systeme ist im Teil "8051" beschrieben und ist beim 80C517 gleich realisiert.

5.3 Der Programm- und Datenspeicher

Der Aufbau des Programm- und Datenspeichers entspricht genau dem Aufbau des 8051. Unterschiedlich sind je nach Prozessortyp die Grösse und die Art des internen Programmspeichers. Unterschiedlich ist natürlich auch der Aufbau der Special Function Registers, da viele neue Funktionen integriert wurden.

Damit effizienter auf den externen Datenspeicher zugegriffen werden kann, wurde der Prozessor um 7 Daten-Pointer erweitert. Es stehen also 8 Zeiger auf externe Speicherzellen zur Verfügung. Damit für 8051-Programme kein Unterschied festzustellen ist, hat man die zusätzlichen Pointers hinter dem bestehenden Pointer DPTR bzw. den 8-Bit-Registern DP-L/DP-H versteckt. Es wird per Software immer DPTR angesprochen. Über das Steuerregister Data Pointer Select (DPSEL) kann festgelegt werden, welcher der acht Data Pointers verwendet werden soll.

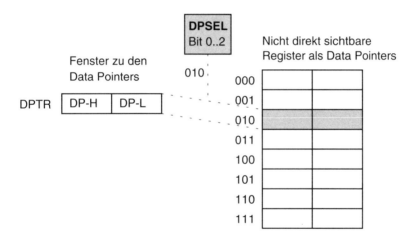

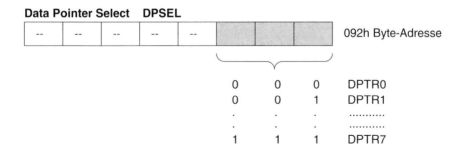

Abb. 5.3: Die Data Pointers

Diese zusätzlichen Data Pointers vereinfachen den Zugriff auf den externen Speicher. Am folgenden Beispiel wird für den 8051 und den 80C517 gezeigt, wie eine Tabelle aus dem Codespeicher in den Datenspeicher kopiert wird.

```
;------ Unterprogramm kopieren 8051

copy:           MOV     R7,#0
                MOV     DPTR,#tab_ram       ;Pointer auf RAM
                MOV     pointer,DPL         ;speichern
                MOV     pointer+1,DPH
;
cycle:          MOV     DPTR,#tab_code
                MOV     A,R7
                MOVC    A,@A+DPTR
                MOV     DPL,pointer         ;Pointer auf RAM laden
                MOV     DPH,pointer+1
                MOVX    @DPTR,A
                INC     DPTR
                MOV     pointer,DPL         ;Pointer erhoehen
                MOV     pointer+1,DPH       ;und speichern
;
                INC     R7
                CJNE    R7,#10,cycle
                RET


;------ Unterprogramm kopieren 80517

copy:           MOV     R7,#0
                MOV     DPSEL,#1
                MOV     DPTR,#tab_code      ;Pointer auf code
                MOV     DPSEL,#0
                MOV     DPTR,#tab_ram       ;Pointer auf RAM
;
cycle:          MOV     DPSEL,#1
                MOV     A,R7
                MOVC    A,@A+DPTR
                MOV     DPSEL,#0
                MOVX    @DPTR,A
                INC     DPTR
;
                INC     R7
                CJNE    R7,#10,cycle
                RET
```

Bei der Realisierung für den 80C517 entfällt das aufwendige Umladen des Data Pointer.

5.4 Die arithmetische Einheit

Der 80C517-Kontroller besitzt zusätzlich zur 8-Bit-ALU eine integrierte arithmetische Einheit für 16/32-Bit-Operationen, welche die folgenden Funktionen für vorzeichenlose Binärzahlen zur Verfügung stellt:

Operation	Resultat	Rest	Zeitbedarf
32 Bit/16 Bit	32 Bit	16 Bit	6 Zyklen
16 Bit/16 Bit	16 Bit	16 Bit	4 Zyklen
16 Bit*16 Bit	32 Bit		4 Zyklen
32 Bit Normalisieren			6 Zyklen
32 Bit Shift Left oder Right			6 Zyklen

Ein Zyklus entspricht 1/12 der Taktfrequenz, also 1µs bei 12 MHz.

Für die Programmierung der arithmetischen Einheit oder Multiplication/Division Unit werden sechs Daten- (MD0...MD5) und ein Steuerregister (ARCON) verwendet. Die Reihenfolge, in der die Register beschrieben werden, bestimmt die Operation (es gibt keine neuen Befehls-Mnemonics) und ist darum strikte einzuhalten. Jede Operation besteht aus den drei Phasen

- Beschreiben der Datenregister
- Ausführen der Operation
- Auslesen des Ergebnisses aus den Datenregistern

Die oben angegebenen Zeiten beziehen sich auf die Phase "Ausführen". Da das Ergebnis in den gleichen Datenregistern zurückgegeben wird, werden die Operanden durch jede Operation überschrieben. Da die Operationen sehr schnell sind und man genau weiss, wie lange sie dauern, wurde auf ein Busy Flag verzichtet. Der Anwender muss nach Phase 1 (Last Write) die oben genannte Anzahl Zyklen warten, bevor er das Ergebnis auslesen kann (First Read).

Die folgende Tabelle gibt eine Übersicht, in welcher Reihenfolge die Datenregister zu beschreiben und zu lesen sind.

Reihen-folge	Operation		
	Division 32 Bit/16 Bit	Division 16 Bit/16 Bit	Multiplikation 16 Bit*16 Bit
First Write	MD0 Dividend 0–7	MD0 Dividend 0–7	MD0 Multiplikand 0–7
	MD1 Dividend 8–15	MD1 Dividend 8–15	MD4 Multiplikator 0–7
	MD2 Dividend 16–23		
	MD3 Dividend 24–32		
	MD4 Divisor 0–7	MD4 Divisor 0–7	MD1 Multiplikand 8–15
Last Write	MD5 Divisor 8–15	MD5 Divisor 8–15	MD5 Multiplikator 8–15

Anzahl Zyklen warten (Zeitbedarf siehe Tabelle Seite 147)

First Read	MD0 Quotient 0–7	MD0 Quotient 0–7	MD0 Produkt 0–7
	MD1 Quotient 8–15	MD1 Quotient 8–15	MD1 Produkt 8–15
	MD2 Quotient 16–23		
	MD3 Quotient 24–32		
	MD4 Rest 0–7	MD4 Rest 0–7	MD2 Produkt 16–23
Last Read	MD5 Rest 8–15	MD5 Rest 8–15	MD3 Produkt 24–32

Die arithmetische Einheit kennt ausserdem die Funktion "Normalisieren und Schieben" für 32-Bit-Werte.

Unter Normalisieren versteht man ein Schieben nach links, bis der Wert keine führenden Nullen mehr enthält, d.h., bis das Most Significant Bit (MSB) gleich Eins ist. Das Steuerregister (ARCON) enthält nach der Operation die Anzahl der durchgeführten Schiebeoperationen.

Die folgende Tabelle gibt eine Übersicht, in welcher Reihenfolge die Datenregister und das Steuerregister zu beschreiben und zu lesen sind.

Reihenfolge	Normalisieren, Schieben rechts, Schieben links	
First Write	MD0	Byte 0...7
	MD1	Byte 8...15
	MD2	Byte 16...23
	MD3	Byte 24...32
Last Write	ARCON	Schieben: Anzahl Bits und Richtung Normalisieren: Anzahl = 0

Anzahl Zyklen warten (Zeitbedarf siehe Tabelle Seite 147)

First Read	MD0	Byte 0...7
	MD1	Byte 8...15
	MD2	Byte 16...23
	MD3	Byte 24...32
Last Read	ARCON	Normalisieren: Anzahl geschobene Bits

Die folgende Abbildung zeigt den Aufbau des Registers ARCON.

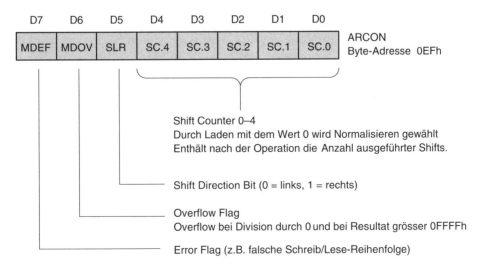

Abb. 5.4: Aufbau des ARCON-Register

Beispiel: Das folgende Unterprogramm zeigt eine 16*16-Bit-Multiplikation. Multiplikator, Multiplikand und Produkt werden wie folgt in Registern übergeben.

(R7R6R5R4) := (R3R2) * (R1R0)

```
mul:    MOV     MD0,R0          ;Arithmetik-Register laden
        MOV     MD4,R2
        MOV     MD1,R1
        MOV     MD5,R3
;                               ;Start Multiplikation
        NOP
        NOP                     ;4 Befehlszyklen warten
        NOP
        NOP
;
        MOV     R4,MD0          ;Ergebnis auslesen
        MOV     R5,MD1
        MOV     R6,MD2
        MOV     R7,MD3
;
        RET
```

5.5 System Clock Output

Falls für periphere Geräte ein Takt benötigt wird, kann durch Setzen des Bit CLK im Register ADCON0 der Systemtakt (1/12 der Oszillator-Frequenz) auf den Pin 1.6 ausgegeben werden.

Abb. 5.5: Aufbau des ADCON0-Register

5.6 Power Saving Modes

Der 80C517 kennt wie der 80C51 neben dem normalen Betriebszustand (Run Mode) den Idle Mode und den Power Down Mode. Zusätzlich ist im 80C517 ein Slow Down Mode realisiert, in welchem der Prozessor mit reduziertem Takt (1/8 der Oszillator-Frequenz) läuft. Der Übergang vom Run Mode in einen der anderen Zustände erfolgt über das Setzen entsprechender Bits im Processor Control Register (PCON). Der Slow Down Mode wird durch Löschen des zuständigen Bit, der Idle Mode durch Interrupt oder Reset und der Power Down Mode nur durch Reset verlassen.

Da durch den Power Down Mode auch der Watch Dog ausgeschaltet wird, können die Power Saving Modes für sicherheitstechnisch kritische Anwendungen beim Start deaktiviert werden. Das Signal "Power Saving Enable/Start Watch Dog" (PE#/SWD) legt beim Restart fest, ob die Power Saving Modes (PSM) aktiviert werden können, und legt das Startverhalten des Watch Dog fest:

- (PE#/SWD) = 1 PSM sind nicht möglich; Start Watch Dog
- (PE#/SWD) = 0 PSM sind möglich; der Watch Dog muss per Software gestartet werden.

Die Betriebsarten haben folgende Eigenschaften:

- Der Run Mode ist der Normalbetrieb.
- Im Slow Down Mode funktionieren alle Einheiten wie im Run Mode, der Takt für die CPU und die Peripherie wird jedoch um einen Faktor acht geteilt. Damit lässt sich die Leistung von 2 W im Run Mode auf 250 mW reduzieren. Der Slow Down Mode kann zum Beispiel verwendet werden, wenn auf ein Ereignis gewartet wird. Es ist zu beachten, dass auch die Timer und der Baudratengenerator mit dem reduzierten Takt arbeiten.
- Im Idle Mode ist die CPU abgeschaltet. Die Peripherie (Timer, serielle Schnittstelle, Interrupt-System usw.) ist aber in Betrieb. Der Idle Mode kann nur mit einem Interrupt oder Reset verlassen werden. Gegenüber den 2 W im Run Mode werden nur ca. 70 mW verbraucht.
- Die höchste Stufe ist der Power Down Mode. Die CPU und die Peripherie sind abgestellt, die Daten im RAM bleiben aber erhalten. Es werden nur noch ca. 50 µW verbraucht.

152 Architektur des 80C517

Aus Sicherheitsgründen müssen für die Übergänge in den Idle Mode und in den Power Down Mode immer zwei Bits hintereinander gesetzt werden. Für den Übergang vom Run Mode in den Idle Mode müssen folgende Befehle ausgeführt werden:

```
ORL     PCON,#00000001b   ; Set Idle Enable
ORL     PCON,#00100000b   ; Set Idle Start
```

Die folgende Abbildung zeigt das Prinzip der Zustandsübergänge.

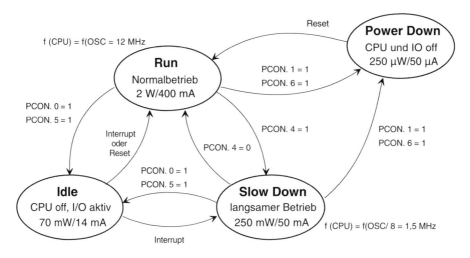

Abb. 5.6: Die Power Saving Modes

Die folgende Abbildung zeigt den Aufbau des PCON-Register.

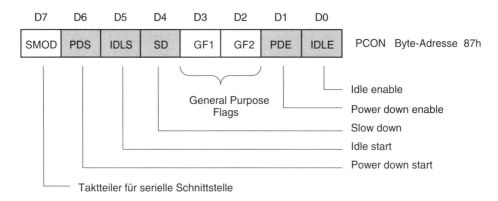

Abb. 5.7: Aufbau des PCON-Register

5.7 Fail-Save-Mechanismen

Da Kontroller oft in Anwendungen mit hohen Sicherheitsanforderungen eingesetzt werden, sind im 80C517 folgende zwei Watch-Dog-Funktionen eingebaut.
- Watch Dog Timer
- Oszillator-Watch-Dog

5.7.1 Der Watch Dog Timer

Ein Watch Dog ist ein Timer, welcher einen Reset generiert, falls er abläuft. Das bedeutet, dass ein Watch Dog nie ablaufen darf und darum per Software in bestimmten Abständen wieder gestartet werden muss. Ist der Watch Dog einmal gestartet, so kann er nicht mehr abgestellt werden. Der Watch Dog Timer kann im Bereich von ca. 500µs – 1s Laufzeit programmiert werden. Die Abbildung 5.8 zeigt das Prinzip.

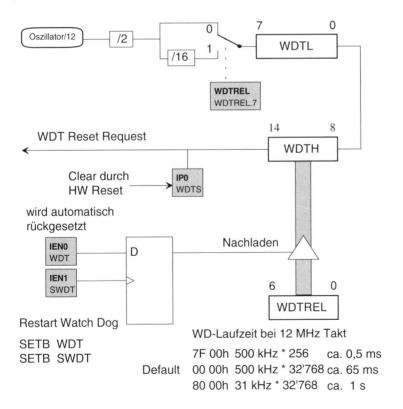

Abb. 5.8: Der Watch Dog Timer

Der Watch Dog ist ein 15-Bit-Aufwärtszähler, wobei nur die höherwertigen 7 Bits über das Register WTDREL nachgeladen werden. Zusammen mit dem zuschaltbaren Vorteiler kann die Laufzeit des Watch Dog bestimmt werden. Ist der Watch Dog gestartet, so kann er nicht mehr deaktiviert werden.

Der Watch Dog Timer kann auf folgende zwei Arten gestartet werden:

- **Automatischer Start beim HW-Restart**

    Das Signal "Power Saving Enable/Start Watch Dog" (PE#/SWD) legt beim Restart das Startverhalten des Watch Dog fest. Da im Power Down Mode der Watch Dog abgestellt wird, kann für kritische Anwendungen das Aktivieren der Power Saving Modes verhindert werden. Dazu wird beim Aktivieren des Restart-Signals das Signal "PE#/SWD" auf 1 gelegt. Damit sind die Power Saving Modes nicht möglich, und der Watch Dog wird mit dem Default Wert (00; Laufzeit ca. 65 ms) automatisch gestartet. Die Laufzeit kann im Betrieb jederzeit durch Beschreiben des Registers WDTREL geändert werden.

- **Start durch Software**

    Liegt beim Aktivieren des Restart-Signals das Signal "PE#/SWD" auf 0, so sind die Power Saving Modes einschaltbar, und der Watch Dog kann per Software (Setzen des Bit SWDT) gestartet werden.

Läuft der Watch Dog ab, so wird ein Watch Dog Reset ausgelöst und dieser Zustand im Bit WDTS gespeichert. Das Nachladen des Watch Dog wird durch die folgenden zwei Befehle ausgelöst.

```
    SETB    WDT
    SETB    SWDT
```

Die zwei Befehle müssen nacheinander stehen, da der Prozessor das Bit WDT nach drei Takten automatisch löscht. Dies ist eine weitere Sicherheit gegen falsches Nachladen des Watch Dog.

5.7.2 Die Programmierung des Watch Dog

Für die Programmierung des Watchdog werden folgende drei Bits verwendet:

- WDT Watch Dog Timer
  Muss vor dem Bit SWDT gesetzt werden, um
  den Watch Dog neu zu starten.
- SWDT Start Watch Dog Timer
  Startet den Watch Dog neu.
- WDTS Watch Dog Timer Status
  Ist nach einem durch den Watch Dog verursachten
  Restart gesetzt.

Die häufig benötigten Bits WDT und SWDT sind Bit-adressierbar. Das Bit WDTS wird nur beim Restart benötigt und ist nur als Byte ansprechbar. Die Abbildung 5.9 gibt eine Übersicht, wie die Bits angeordnet sind.

Interrupt Enable Register 0   IEN0   (entspricht IE beim 8051)

EAL	WDT	ET2	ES0	ET1	EX1	ET0	EX0	0A8h Byte-Adresse in SFR
AF	AE	AD	AC	AB	AA	A9	A8	Bit-Adressen in SFR

Interrupt Enable Register 1   IEN1

EXEN2	SWDT	EX6	EX5	EX4	EX3	EX2	EADC	0B8h Byte-Adresse in SFR
BF	BE	BD	BC	BB	BA	B9	B8	Bit-Adressen in SFR

Interrupt Priority Register   IP0

OWDS	WDTS	IP0.5	IP0.4	IP0.3	IP0.2	IP0.1	IP0.0	IP0 0A9h Byte-Adresse

Watchdog Timer Reload Register   WDTREL

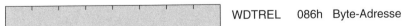

WDTREL   086h Byte-Adresse

Abb. 5.9: Steuerung des Watch Dog

5.7.3 Der Oszillator-Watch-Dog

Der Oszillator-Watch-Dog überwacht laufend die Taktfrequenz und löst einen Reset aus, sobald der Takt eine kritische Frequenz (ca. 300 kHz) unterschreitet. Das Reset-Signal bleibt aktiv, solange die Taktfrequenz ausserhalb des spezifizierten Bereiches liegt. Da bei Anliegen des Reset-Signales alle I/O-Signale des Prozessors mit High-Pegel beschaltet sind, kann durch entsprechende externe Massnahmen ein definierter Zustand des zu steuernden Prozesses erreicht werden.

Liegt der Eingang OWE auf low, so ist der Oszillator-Watch-Dog ausgeschaltet, liegt er auf High, so ist er aktiv.

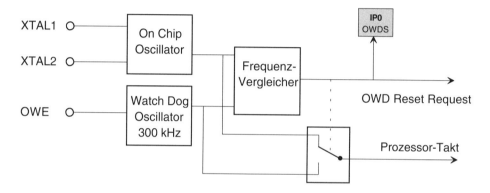

Abb. 5.10: Der Oszillator-Wach-Dog

5.8 Übungen

a) Schreiben Sie ein Unterprogramm mit dem Namen "bin_bcd" in Assembler, welches eine 16-Bit-binär-Variable "anzeige_wert" in fünf BCD-Ziffern anz_0...anz_4 umwandelt. Die Werte sollen dabei wie folgt abgelegt werden:

anzeige_wert	höherwertiger Teil an der niederen Adresse (üblich beim 8051)
anz_0	niederstwertige Ziffer
....	
anz_4	höchstwertige Ziffer

6

Integrierte Zusatzfunktionen des 80C517

6.1 Übersicht über die Zusatzfunktionen des 80C517

Der Baustein 80C517 enthält gegenüber dem 8051 folgende zusätzlichen integrierten Zusatzfunktionen:

- fünf weitere Ports
- eine zweite serielle Schnittstelle
- die Compare/Capture Unit mit zwei 16-Bit-Timer
- einen Analog/Digital-Wandler mit 8-Bit-Auflösung und 12 Eingängen
- ein erweitertes Interrupt-System.

Die Abbildung 6.1 zeigt eine Übersicht über die Zusatzfunktionen des 80C517. Die gegenüber dem 8051 neuen Zusatzfunktionen sind hervorgehoben.

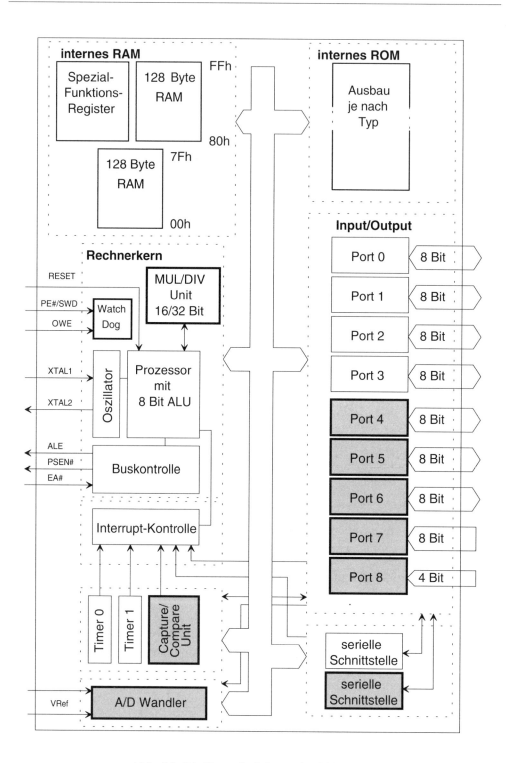

Abb. 6.1: Die Zusatzfunktionen des 80C517

6.2 Die Ports

Der 80C517 besitzt 8 Ports à 8 Bits und eine Port à 4 Bits. Die Ports 0–3 sind bezüglich ihres Verhaltens als I/O-Ports funktional und elektrisch kompatibel mit den entsprechenden Ports des 8051. Die zusätzlichen Ports 4, 5 und 6 besitzen die gleiche Struktur wie die Ports 1–3. Die Ports 7 und 8 können nur als Input verwendet werden. Gegenüber dem 8051 wurden viele neue Funktionen integriert, welche teilweise I/O-Pins benutzen. Die Ports werden wie folgt verwendet:

- **Ports 0 und 2**

  Diese Ports sind grundsätzlich frei, werden aber als Adress- und Datenleitungen verwendet, sobald der Baustein mit externem Speicher oder I/O erweitert wird.

- **Port 1**

  Diese Port enthält die neuen externen Interrupts, das Signal "System Output Clock" und zwei Hilfssignale für den Timer/Counter 2.

- **Port 3**

  Die Belegung ist gleich wie beim 8051.

- **Port 4 und 5**

  Diese Ports enthalten die Signale der Compare/Capture Unit

- **Port 6**

  Es sind nur zwei Signale durch die zusätzliche serielle Schnittstelle und das Startsignal für den Analog/Digital-Wandler belegt.

- **Ports 7 und 8**

  Diese Ports werden für die 12 Leitungen des Analog/Digital-Wandlers verwendet, können aber auch als digitale Input-Signale eingesetzt werden.

Die Abbildungen 6.2 und 6.3 geben einen Überblick über die Zweitfunktionen der Ports.

162 Integrierte Zusatzfunktionen des 80C517

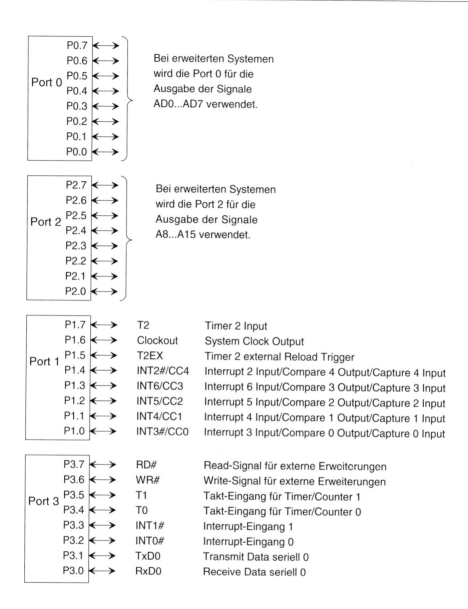

Abb. 6.2: Die Zweitbelegungen der Ports 0–3

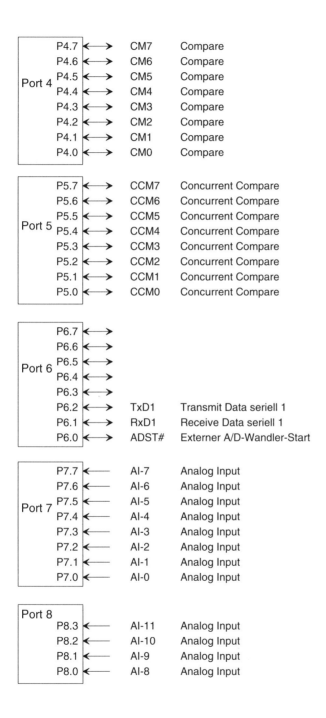

Abb. 6.3: Die Zweitbelegungen der Ports 4–8

6.3 Der integrierte Analog/Digital-Wandler

6.3.1 Die Funktionsweise des A/D-Wandlers

Der Baustein besitzt 12 Eingänge, welche über einen Multiplexer dem Analog/Digital-Wandler zugeführt werden können. Die vier Multiplexer-Bit 0–3 (MX0–MX3) im Register Analog Digital Control (ADCON1) steuern, welcher Eingang auf den A/D-Wandler geschaltet wird. Der Wandler arbeitet mit einer Auflösung von 8 Bits und legt den digitalen Wert im Register Analog/Digital Data (ADDAT) ab. Eine Wandlung wird gestartet, indem das D/A Program Register (DAPR) beschrieben wird. Während der Wandlung ist das Busy Flag (BSY) gesetzt. Ist die Wandlung abgeschlossen, wird das Busy Flag durch den A/D-Wandler gelöscht und das Interrupt Request Flag (IADC) gesetzt. Mit dem Bit A/D Conversion Mode (ADM) wird festgelegt, ob nur eine Wandlung durchgeführt oder ob kontinuierlich gewandelt werden soll. Durch Setzen des Bit External Start (ADEX) ist es möglich, die Wandlung mit einem externen Signal zu starten.

Über zwei Leitungen werden dem A/D-Wandler die Referenzpegel VAREF und VAGND zugeführt. Bei einem normalen 8-Bit-A/D-Wandler wäre die maximale Auflösung:

$$Auflösung = \frac{(VAREF - VAGND)}{256}$$

Damit bei gegebenen Messspannungen die Auflösung vergrössert werden kann, besitzt der 80C517 einen programmierbaren Referenzspannungsgeber, mit welchem die Referenzspannung für den A/D-Wandler, aufgrund eines Registers, durch einen Digital/Analog-Wandler von der angelegten Referenzspannung dynamisch abgeleitet werden kann. In je 16 Schritten kann so der Wert für den unteren und den oberen Referenzpegel festgelegt werden. Die Programmierung dieser Pegel erfolgt über das Register DAPR.

Auf diese Weise können, je nach Messgrösse, die Referenzpegel angepasst und dadurch kann die Auflösung vergrössert werden. Wird das Register DAPR mit Null beschrieben, so werden die extern angelegten Referenzpegel direkt für den Wandler übernommen.

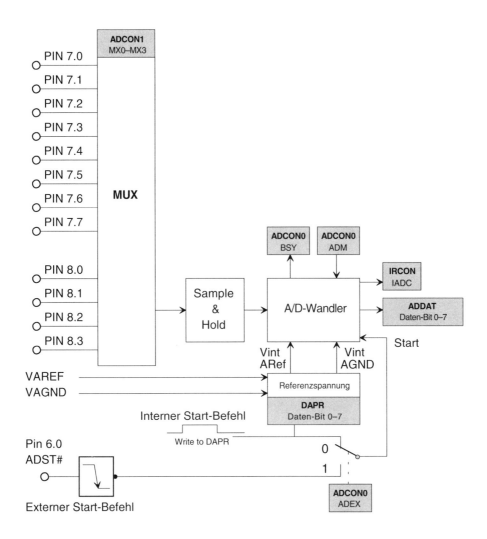

Abb. 6.4: Der Analog/Digital-Wandler

In der Abbildung 6.5 sind der Aufbau des Registers DAPR und die Berechnung des Inhalts in Abhängigkeit der externen Referenzspannung ersichtlich.

166   Integrierte Zusatzfunktionen des 80C517

Digital/Analog Converter Program Register   (DAPR)

B7 High Reference B4	B3 Low Reference B0		
Wert für VInt ARef	Wert für VInt AGnd	0DAh	Byte-Adresse

$$\text{VIntARef} := \text{VAGND} + \frac{\text{DAPR}(4...7)}{16} (\text{VAREF} - \text{VAGND}) \quad \text{Nur für DAPR} > 3$$

Achtung: DAPR(4...7) = 1..3 nicht erlaubt!

$$\text{VIntAGnd} := \text{VAGND} + \frac{\text{DAPR}(0...3)}{16} (\text{VAREF} - \text{VAGND}) \quad \text{Nur für DAPR} < 13$$

Achtung: DAPR(0..3) = 13...15 nicht erlaubt!

Abb. 6.5: Programmierung des Analog/Digital-Wandlers

Die folgende Tabelle gibt die Werte für VAGND = 0 V und VAREF = 5 V aufgrund der obigen Formeln an.

DAPR(7-4)	VIntARef	DAPR(3-0)	VIntAGnd
0000	5.0	0000	0.0
0001	---	0001	0.3125
0010	---	0010	0.625
0011	---	0011	0.9375
0100	1.25	0100	1.25
0101	1.5625	0101	1.5625
0110	1.875	0110	1.875
0111	2.1875	0111	2.1875
1000	2.5	1000	2.5
1001	2.8125	1001	2.8125
1010	3.125	1010	3.125
1011	3.4375	1011	3.4375
1100	3.75	1100	3.75
1101	4.0625	1101	---
1110	4.375	1110	---
1111	4.6875	1111	---

Der integrierte Analog/Digital-Wandler 167

Beispiele:

Sind die Referenzpegel 0 V und 5 V, so hat der 8-Bit-Wandler eine Auflösung von ca. 20 mV (5 V/256). Liegen nur Signale im Bereich 2–3 V an, so kann mit dem Wert DAPR die Auflösung verbessert werden. Der Wert 1010'0110b in DAPR legt fest, dass im Bereich 1.875–3.125 V gemessen wird. Dadurch ist ein Messbereich von 1.25 V festgelegt, und die Auflösung kann auf ca. 4.9 mV verbessert werden.

Werden die externen Referenzspannungen auf VAGND = 1 und VAREF = 3.6 V festgelegt und DAPR mit 00h beschrieben, so wird der Messbereich 2.6 V und die Auflösung ca. 10 mV.

Der zeitliche Ablauf einer Wandlung ist in der Abbildung 6.6 dargestellt. Während den ersten zwei Zyklen nach dem Start wird der Eingang in den Sample&Hold Teil geladen. In den folgenden 11 Zyklen wird der analoge Pegel nach dem Successiv-Approximation-Verfahren in einen digitalen Wert konvertiert und in ADDAT gespeichert. Eine Wandlung dauert also 13 Maschinenzyklen à je 12 Takte (13 µs bei 12 MHz). Bereits nach dem achten Takt wird das Interrupt Flag gesetzt. Damit wird die Interrupt-Latenzzeit kompensiert. Ebenso wird das Busy Flag bereits zwei Takte vor Abschluss gelöscht, um optimal kurze Zeiten zu erreichen.

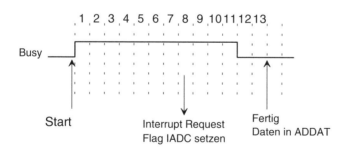

Abb. 6.6: Timing des Analog/Digital-Wandlers

6.3.2 Die Programmierung des A/D-Wandlers

Für die Programmierung des Analog/Digital-Wandlers werden die folgenden Special Function Registers verwendet:

- ADCON0   Steuerregister
- ADCON1   Einstellen des zu messenden Einganges
- ADDAT   Datenregister
- DAPR   Einstellen des Messbereiches und Starten einer Wandlung

Analog/Digital Converter Control Register 0   ADCON0

BD	CLK	ADEX	BSY	ADM	MX2	MX1	MX0	0D8h Byte-Adresse
DF	DE	DD	DC	DB	DA	D9	D8	Bit-Adressen

MX0, MX1, MX2	entsprechen den Bits MX0–MX2 im Register ADCON1 und sind aus Kompatibilitätsgründen (80515) vorhanden.
ADM	A/D Conversion Mode = 0 Es wird genau eine Wandlung durchgeführt = 1 Kontinuierliche Wandlung
BSY	Busy Flag = 0 Keine Wandlung laufend = 1 Wandler ist beschäftigt.
ADEX	Internal/External Start of Conversion = 0 Start durch Beschreiben von DAPR = 1 und ADM = 0 Start einer Wandlung extern über negative Flanke an Pin P6.0 = 1 und ADM = 1 Kontinuierliche Wandlung, falls an Pin P6.0 Low Pegel
CLK, BD	Diese Bits haben nichts mit dem A/D-Wandler zu tun. BD siehe serielle Schnittstellen. CLK = 1 gibt einen Takt (1/12 Oszillator) auf Pin 1.6.

Abb. 6.7: Das ADCON0-Register

Da beim Baustein 80C515, dem Vorgänger des 80C517, nur acht Eingänge auf den A/D-Wandler vorhanden waren, genügten die drei Bits für die Auswahl des zu messenden Pin im Register ADCON0. Die Erweiterung auf 12 Eingänge erforderte das neue Register ADCON1 mit den vier Bits MX0–MX3. Die Bits MX0–MX3 in den zwei Registern ADCON0 und ADCON1 sind direkt verbunden. Es ist daher empfehlenswert, immer zuerst das Register ADCON0 und dann das Register ADCON1 zu initialisieren.

Analog/Digital Converter Control Register 1   ADCON1

| | | | | MX3 | MX2 | MX1 | MX0 | Byte-Adresse 0DCh |

MX0, MX1, MX2   entsprechen den Bits MX0-MX2 im Register ADCON0
MX3   Erweiterung auf 12 Bits

Die Bits legen fest, welcher der 12 Eingänge auf den A/D-Wandler geschaltet ist.

Analog/Digital Converter Data   ADDAT

Byte-Adresse 0D9h

Enthält den gewandelten digitalen Wert

Digital/Analog Program Register   DAPR

Byte-Adresse 0DAh

Enthält den Wert für die Wandlung der Referenzspannung

Abb. 6.8: Die Register ADCON1, ADDAT und DAPR

Beispiel: Um den Eingang 7.1 im Messbereich 0–5 V zu messen, ist folgende Befehlsfolge notwendig:

```
        MOV     ADCON1,#01      ;Eingang einstellen
        CLR     ADM             ;Mode 0 eine Messung
        CLR     ADEX            ;Start ueber DAPR
        MOV     DAPR,#0         ;Messbereich einstellen
                                ;und Start
wait:   JB      BSY,wait        ;warte, bis Messung fertig
        MOV     A,ADDAT         ;Auslesen Resultat
```

6.4 Die Timer/Counter 0 und 1

Die Timer/Counter 0 und 1 sind mit denen des 8051 absolut identisch und werden darum hier nicht noch einmal behandelt.

6.5 Die Capture/Compare Unit (CCU)

6.5.1 Das Prinzip der CCU

Die Capture/Compare Unit ist ein sehr vielseitiger, aber auch entsprechend komplexer Teil des 80C517. Sie kann für folgende Zwecke benützt werden:

- Timer
- Event Counter
- Pulsweiten-Modulation
- Pulsweiten-Messung
- Frequenz-Messung.

Die Capture/Compare Unit besteht aus zwei unabhängigen Zählern, von denen einer als Timer oder Counter, der andere nur als Timer benützt werden kann. Diese zwei Zähler können entweder wie Timer 0 und Timer 1 verwendet oder in Zusammenhang mit den Funktionen Compare und Capture eingesetzt werden.

Mit der Funktion Compare wird der Zählerstand eines dieser Zähler laufend mit dem Wert in einem 16-Bit-Compare-Register verglichen. Jedem der Compare Registers ist ein Output Pin zugeordnet. Wird der Zähler gleich dem Inhalt des Compare Register, so wird das Signal am zugeordneten Output Pin beeinflusst. Der 80C517 verfügt über 13 Register für die Compare-Funktion, welche zum Beispiel für das Generieren von Pulsweiten-Modulations-Signalen verwendet werden können.

Mit der Funktion Capture kann der aktuelle Zählerstand entweder durch ein extern zugeführtes Signal oder durch einen Software-Befehl in einem Capture Register gespeichert werden. Der 80C517 verfügt über fünf Register für die Capture-Funktion, welche zum Beispiel für Frequenz- oder Zeit-Messungen verwendet werden können.

Die Capture/Compare Unit ist in der Abbildung 6.9 dargestellt.

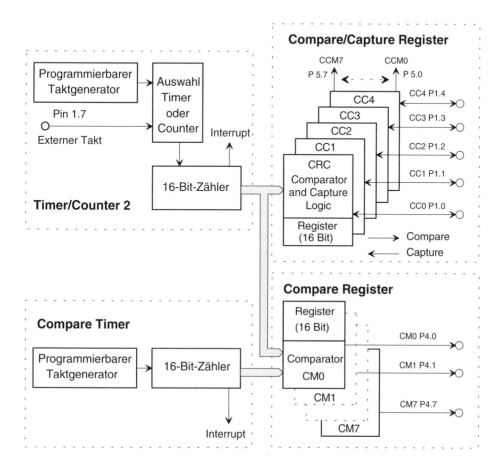

Abb. 6.9: Die Compare/Capture Unit

Die Compare/Capture Unit besteht aus folgenden Komponenten:

- **Timer/Counter 2**

  Der Timer/Counter 2 ist ein 16-Bit-Zähler, welcher mit dem internen Takt (Timer) oder einem externen Takt (Counter) betrieben werden kann. Der 16 Bits breite aktuelle Zählerstand wird auf die Compare/Capture und die Compare Registers geführt.

- **Compare Timer**

  Der Compare Timer ist ein 16-Bit-Zähler, welcher mit einem internen Takt (Timer) betrieben wird. Der aktuelle Zählerstand wird auf die Compare Registers geführt.

- **Die Compare/Capture Registers**

  Es sind folgende Compare/Capture Registers verfügbar:
  - **Das Compare/Reload/Capture (CRC) Register**

    Das Register kann als Reload-Register für den Timer 2, aber auch als Capture oder Compare Register eingesetzt werden und ist dann mit Signal CC0 (= P1.0) verbunden.

  - **Drei Compare/Capture (CCx) Register 1–3**

    Die Register können als Capture Register oder Compare Register eingesetzt werden und sind mit den Signalen CC1–CC3 (Pin P1.1–1.3) verbunden.

  - **Das Compare/Capture (CC4) Register 4**

    Das Register kann als Capture oder Compare Register mit dem Signal CC4 (P1.4) verwendet werden und kann im Concurrent Compare Mode die Signale CCM0–CCM7 (P5.0–P5.7) steuern.

- **Die Compare Register**

  Es sind acht Compare (CMx) Registers 0–7 verfügbar. Sie werden von der Software mit Vergleichswerten geladen.

Die Funktion der 13 Komparatoren und der zugehörigen Register wird durch das Programmieren der Betriebsart festgelegt. Durch die Betriebsart wird auch die Zusammenarbeit mit dem Timer/Counter 2 oder dem Compare Timer definiert. Die fünf Register CRC und CC1–CC4 arbeiten immer mit dem Timer/Counter 2. Die acht Register CM0–CM7 können dem Timer/Counter 2 oder dem Compare Timer zugeordnet werden.

In den folgenden Abschnitten werden zuerst der Timer/Counter 2 und der Compare Timer und anschliessend die Funktionen Compare, Concurrent Compare und Capture erklärt.

6.6 Der Timer/Counter 2

6.6.1 Die Funktionsweise des Timer/Counter 2

Die Abbildung 6.10 zeigt den Aufbau des Timer/Counter 2.

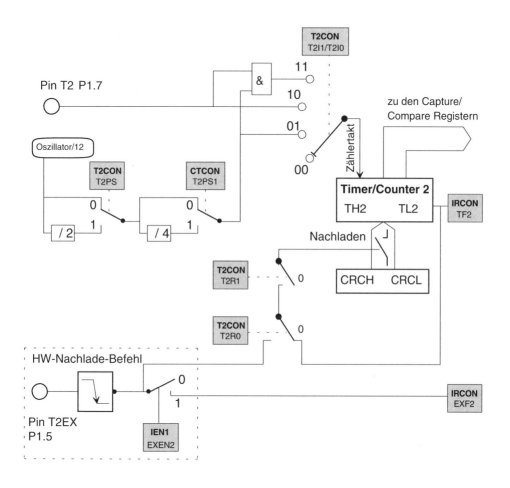

Abb. 6.10: Der Timer/Counter 2

Der Timer/Counter 2 ist ein 16-Bit-Aufwärtszähler (TH2/TL2), welcher mit dem Wert im Laderegister (CRCH/CRCL) nachgeladen werden kann. Durch die Bits Timer Input Mode (T2I0/T2I1) wird die Funktion des Zählers als Timer (01), als Counter (10) oder als Gated Timer (11) programmiert. Mit dem Wert 00 wird der Zähler gestoppt.

Im Mode Counter wird der Takt über den Pin P1.7 zugeführt. Der externe Takt darf maximal 1/24 der Oszillator-Frequenz betragen.

Im Mode Gated Timer wird der Timer durch dieses Signal ein-/ausgeschaltet. Die Taktrate des Timers wird über die Bits Timer 2 Prescaler (T2PS und T2PS1) eingestellt und kann 1/12, 1/24, 1/48 oder 1/96 der Oszillator-Frequenz betragen.

Achtung: Das Bit T2PS1 befindet sich im Steuerregister des Compare Timer (CTCON)!

Bei Zählerüberlauf wird das Bit Timer 2 Flag (TF2) gesetzt und, falls freigegeben, ein Interrupt generiert. Die Bits Timer 2 Reload (T2R0 und T2R1) steuern das Nachladen des Zählers. Mit T2R1 wird das Nachladen grundsätzlich ein- oder ausgeschaltet. Mit T2R0 wird festgelegt, ob aufgrund des Zählerüberlaufs automatisch oder aufgrund eines externen Signals nachgeladen werden soll. Falls extern nachgeladen wurde, wird, sofern das Bit EXEN2 gesetzt ist, das Bit EXF2 gesetzt. Dieses Bit verursacht wie TF2 einen Interrupt, falls dieser freigegeben ist. Der Inhalt der Zählers wird laufend an die Compare/Capture Register weitergeleitet und dort verarbeitet.

Falls die Funktion des externen Nachladens nicht benötigt wird, kann der Eingang T2EX (P1.5) als externer Interrupt verwendet werden. Dabei ist das Bit T2R0 = 0 und das Bit EXEN2 = 1 zu setzen.

6.6.2 Die Programmierung des Timer/Counter 2

Für die Programmierung des Timer/Counter 2 werden die folgenden Special Function Register verwendet:
- T2CON   Steuerregister
- TL2, TH2   Zählregister
- CRCL, CRCH   Nachladeregister

Die Detailbelegung ist in der Abbildung 6.11 ersichtlich.

Timer/Counter 2 Control Register T2CON

T2PS	I3FR	I2FR	T2R1	T2R0	T2CM	T2I1	T2I0	0C8h Byte-Adresse
CF	CE	CD	CC	CB	CA	C9	C8	Bit-Adressen

T2I1, T2I0		Timer 2 Input Selection
0	0	Timer stoppen
0	1	Timer
1	0	Counter
1	1	Gated Timer

T2CM   Compare Mode Bit für CRC, CC1, CC2 und CC3
                         0 = Compare Mode 0
                         1 = Compare Mode 1

T2R1, T2R0		Timer 2 Reload Mode
0	x	Kein Reload
1	0	Auto Reload bei Timer-Überlauf
1	1	Auto Reload bei fallender Flanke an T2EX (P1.5)

I3FR, I2FR   Diese Bits haben nichts mit dem Timer 2 zu tun, sondern definieren das Verhalten der Interrupt-Eingänge 2 und 3.
                         0 = negative Flankentriggerung
                         1 = positive Flankentriggerung

T2PS   Timer 2 Prescaler Bit
                         Falls gesetzt, wird der Zählertakt (1/12 der Oszillator-Frequenz) durch zwei geteilt.

Timer/Counter-2-Zählregister TL2, TH2

| TH2 | Adresse 0CDh | TL2 | Adressen 0CCh |

Compare/Reload/Capture Register CRCL, CRCH

| CRCH | Adresse 0CBh | CRCL | Adressen 0CAh |

Abb. 6.11: Die Programmierung des Timer/Counter 2

6.7 Der Compare Timer

6.7.1 Die Funktionsweise des Compare Timer

Der Compare Timer ist ein 16-Bit-Aufwärtszähler, welcher mit dem Wert im Laderegister (CTRELL/CTRELH) nachgeladen wird. Die Zähler-Taktrate wird durch die Bits CLK0-CLK2 festgelegt und kann zwischen 1/2 und 1/256 der Oszillator-Frequenz liegen. Der Compare Timer wird durch Beschreiben des Registers CTRELL geladen und gestartet. Bei Zählerüberlauf wird er automatisch nachgeladen und das Compare Timer Flag (CTF) gesetzt, was zu einem Interrupt führt, falls dieser freigegeben ist.

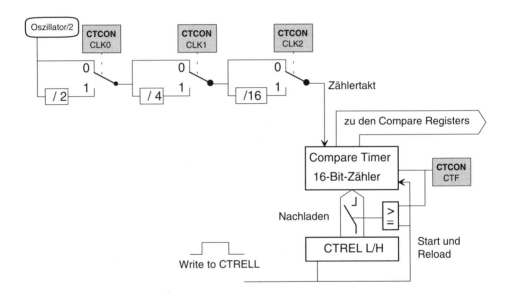

Abb. 6.12: Der Compare Timer

6.7.2 Die Programmierung des Compare Timer

Für die Programmierung des Compare Timer werden die folgenden Special Function Registers verwendet:

- CTCON   Steuerregister
- CTRELL und CTRELH   Nachladeregister

Compare Timer Control Register CTCON

| T2PS1 | | | CTF | CLK2 | CLK1 | CLK0 | 0E1h Byte-Adresse |

T2PS1
Timer 2 Prescaler
(siehe Timer 2)

CLK2	CLK1	CLK0	
0	0	0	Takt = 1/2 Oszillator-Frequenz
0	0	1	Takt = 1/4 Oszillator-Frequenz
0	1	0	Takt = 1/8 Oszillator-Frequenz
0	1	1	Takt = 1/16 Oszillator-Frequenz
1	0	0	Takt = 1/32 Oszillator-Frequenz
1	0	1	Takt = 1/64 Oszillator-Frequenz
1	1	0	Takt = 1/128 Oszillator-Frequenz
1	1	1	Takt = 1/256 Oszillator-Frequenz

CTF   Compare Timer Overflow Flag
          Falls freigegeben, wird ein Interrupt ausgelöst.
          Das Bit muss durch die SW rückgesetzt werden.

Compare Timer Reload Register CTRELH, CTRELL

Nachlade-Register für den Compare Timer

| CTRELH | Adresse 0DFh | | CTRELL | Adressen 0DEh |

Abb. 6.13: Die Steuerregister des Compare Timer

Bei den oben angegebenen Taktteilern wurde der maximale Takt mit Oszillator/2 bereits berücksichtigt. Darum ist bei einem Teiler von 128 (CLK0 = 1, CLK1 = 1, CLK2 = 1) der Takt 1/256 der Oszillator-Frequenz.

Hinweis: Es ist zu beachten, das das Bit T2PS1 im Steuerregister CTCON zum Timer/Counter 2 gehört.

6.8 Die Funktion Compare

Mit der Compare-Funktion kann der aktuelle Zählerstand des Timer/Counter 2 oder des Compare Timer mit dem Inhalt eines Compare Register verglichen und bei Gleichheit ein Output-Signal beeinflusst werden. Die Betriebsarten, Compare Mode 0 und Compare Mode 1, werden im folgenden erklärt.

6.8.1 Compare Mode 0

Im Compare Mode 0 wird das Output-Signal gesetzt, wenn das Compare Register den gleichen Stand hat wie der Zähler, und beim Überlauf des Zählers von 0FFFFh nach 0000h wieder rückgesetzt. Die folgende Abbildung zeigt das Prinzip. Dieser Mode wird für Pulsweiten-Modulation verwendet.

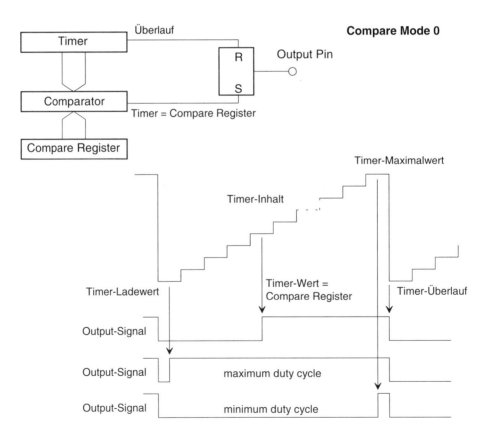

Abb. 6.14: Compare Mode 0

Beispiel:

Bei einem Timer-Takt von 1 MHz und einem Timer-Ladewert von 65536 - 10000 = 55536 = 0D8F0h erhält man ein Signal mit einer Periodendauer von 10 ms. Enthält das Compare Register den Wert 65536 - 8000 = E0C0h, so entsteht ein PWM-Signal, welches 2 ms low und 8 ms high ist.

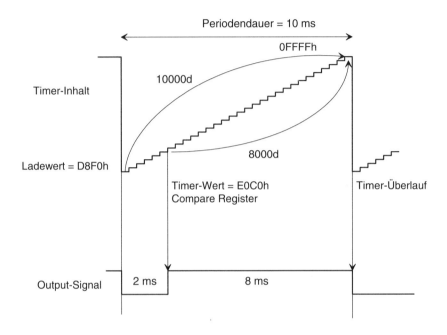

Abb. 6.15: PWM-Signal

Zu beachten ist, dass mit n Bits eines Zählers eine Zeit in 2^n Teile unterteilt wird, man aber nur entweder den Bereich von $0...(2^n - 1)$ oder $1...2^n$ abdecken kann (Gartenzaun-Problem mit Pfosten und Zwischenräumen). Das bedeutet, dass ein Duty Cycle von 0 bis inkl. 100% nie möglich ist und entweder am einen oder anderen Ende des Bereiches ein Spike auftritt. Im Mode 0 wird diese Zeit in zwei Teile aufgeteilt, so dass beim Wert 0 und 0FFFFh je ein Spike (500 ns bei 12 MHz) auftritt.

6.8.2 Compare Mode 1

Im Compare Mode 1 hat die Software die vollständige Kontrolle über den Pegel am Output Pin. Jedes Bit der Output Port besitzt neben dem Output Latch einen zusätzlichen Latch, den Shadow Latch. Wird ein Wert an die Port ausgegeben, so wird nur dieser Shadow Latch und nicht der Pegel am Pin verändert. Erst wenn das Compare Register den gleichen Stand hat wie der Zähler, wird automatisch der im Shadow Latch gespeicherte Wert in den Output Latch geladen und an den Pin ausgegeben. Damit kann der Pegel eines Signals zu einem vorher exakt bestimmten Zeitpunkt verändert werden. Im Gegensatz zum Mode 0 muss die Software aber jede Signaländerung durch Verändern des Shadow Latch aktiv beeinflussen.

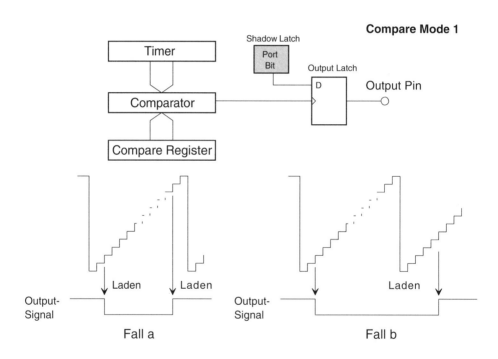

Abb. 6.16: Compare Mode 1

Bei den Compare Registers CRC und CC1-CC4 wird immer bei Timer-Überlauf und bei Gleichheit zwischen Timer und Compare Register ein Interrupt ausgelöst. Bei jedem Compare Interrupt kann ein neuer Wert geladen werden (Abbildung 6.16: Fall a). Die Compare Register CM0–CM7 generieren nur bei Timer-Überlauf einen Interrupt. Das Output-Signal kann darum pro Periode nur einmal ändern (Abbildung 6.16: Fall b).

6.8.3 Die Register CRC und CC1-CC3

Die Abbildung 6.17 zeigt eine Übersicht über die Register CRC und CC1–CC3 im Compare Mode. Die Schaltungen haben folgende Eigenschaften:

- Die vier Schaltungen bestehen aus je einem 16-Bit-Compare-Register, einem 16-Bit-Vergleicher und dem Output Latch, welcher mit dem zugehörigen Output Pin verbunden ist.
- Die Vergleicher sind immer an den Timer 2 gekoppelt.
- Der Compare Mode wird für alle vier Compare Register über das Bit T2CM im Timer 2 Control Register eingestellt. Ist das Bit T2CM = 0, so wird der Output Latch mit dem Timer-Überlauf rückgesetzt und bei Gleichheit zwischen Timer und Compare Register gesetzt (Mode 0). Ist das Bit T2CM = 1, so wird der Wert im Port Bit immer bei Gleichheit zwischen Timer und Compare Register in den Output Latch geschrieben (Mode 1).
- Mit dem Compare/Capture Enable Register (CCEN) wird die Betriebsart Compare aktiviert. Für jede Teilschaltung sind zwei Bits reserviert, wobei die Kombination 10 die Funktion Compare definiert (siehe Abschnitt "Die Programmierung der Compare/Capture-Funktion").
- Beim Timer-Überlauf (TF2) und bei Gleichheit zwischen Timer und Compare Register (IEXx) kann ein entsprechender Interrupt ausgelöst werden. Da diese Interrupt-Schaltungen auch für die Funktion Capture oder als externe Interrupts eingesetzt werden können, wird der Interrupt für die Register CC1–CC3 bei einer positiven Flanke des Compare-Signals ausgelöst. Beim CRC-Register kann gewählt werden, ob der Interrupt bei der positiven oder negativen Flanke des Compare-Signals ausgelöst werden soll.

Achtung:

Das CRC-Register wird auch als Reload Register für den Timer/Counter 2 verwendet. Selbstverständlich kann ein Register gleichzeitig immer nur eine Funktion erfüllen.

182 Integrierte Zusatzfunktionen des 80C517

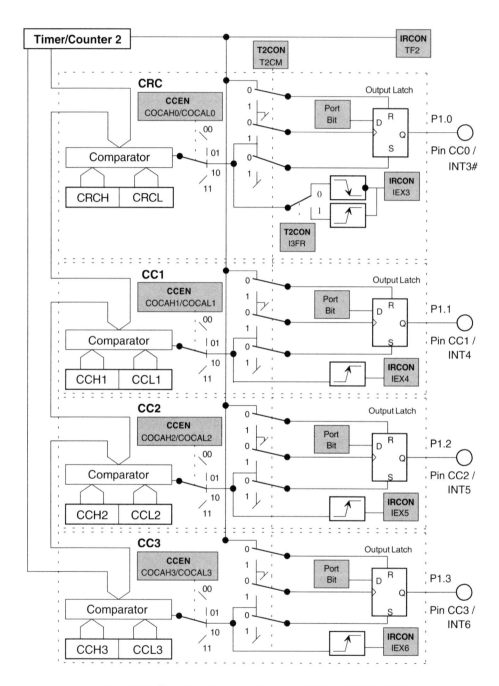

Abb. 6.17: Übersicht über die Compare CRC und CC1-CC3

6.8.4 Das Register CC4

Die Abbildung 6.18 zeigt eine Übersicht über das Register CC4 im Compare Mode.

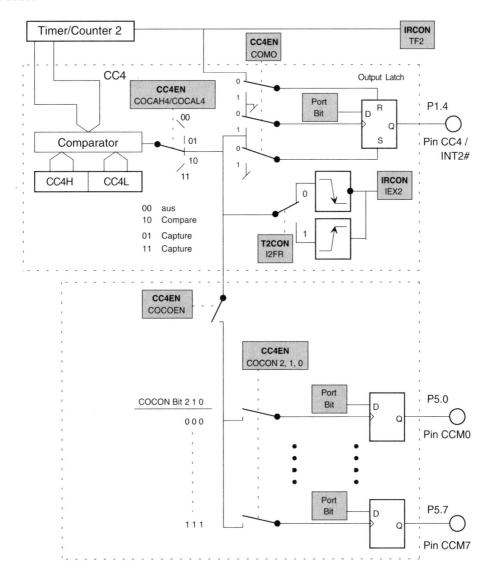

Abb. 6.18: Das Register CC4

Das Compare Register CC4 ist immer an den Timer/Counter 2 gekoppelt, arbeitet wie das CRC-Register im Mode 0 oder Mode 1 und kann mit der positiven oder negativen Flanke des Compare-Signals einen Interrupt auslösen.

Zusätzlich verfügt das CC4-Register über den Concurrent Compare Mode. In diesem Mode können die Output Pins der Port 5 im Mode 1 gesteuert werden. Mit dieser Funktion lassen sich also zu einem bestimmten Zeitpunkt (Timer/Counter 2 = CC4) die Pegel von 9 Signalen (Pin 1.4 und Pins 5.0–5.7) beliebig steuern. Ob die Port 5 durch die Concurrent-Compare-Funktion beeinflusst wird und wie viele Pins an dem Vorgang teilnehmen, wird durch das Bit COCOEN sowie die Bits COCON0–COCON2 im Register CC4EN festgelegt.

Die Abbildung 6.19 zeigt das Prinzip eines Pattern-Generators mit Hilfe der Funktion Concurrent Compare. Der Timer 2 läuft frei von 0–0FFFFh. Sobald der Timer den Wert des Registers CC4 erreicht, werden die Werte der Port Latches an die Output Pins ausgegeben und es wird ein Interrupt ausgelöst. Die Interrupt-Routine lädt den neuen Wert in CC4 und in die Output Latches. Das Beispiel zeigt eine Lösung mit 16 Schritten im Abstand von 1000h.

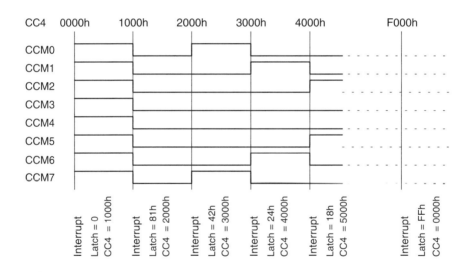

Abb. 6.19: Beispiel Concurrent Compare

6.8.5 Die Compare Registers CM0–CM7

Jedes der acht Compare Registers CM0–CM7 kann durch Programmierung des Register CM-Select (CMSEL) an den Timer/Counter 2 oder den Compare Timer gekoppelt werden. Mit der Wahl des Timer wird auch die Betriebsart festgelegt.

- Kopplung an den Compare Timer: Die Betriebsart ist immer Compare Mode 0.
- Kopplung an den Timer/Counter 2: Die Betriebsart ist immer Compare Mode 1.

Mit dem Register CM-Enable (CMEN) kann für jedes der acht Compare Registers die Compare-Funktion ein- oder ausgeschaltet werden.

Die folgende Abbildung zeigt das Prinzip für eines der acht Compare Registers im Compare Mode 0.

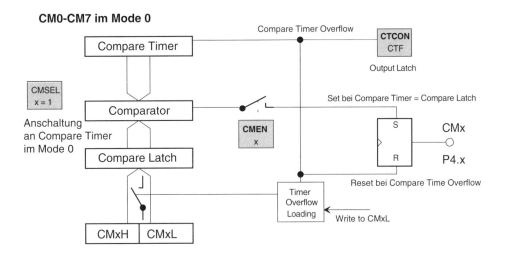

Abb. 6.20: Die Compare Registers im Mode 0

Bei den Compare Registers CRC und CC1–CC3 kann der Inhalt des Registers durch eine Interrupt-Routine neu geladen werden. Da der Interrupt aufgrund des Gleichstandes des Timer 2 und des Compare Register ausgelöst wird, ist zum Ladezeitpunkt der Inhalt des Timer bekannt. Im Gegensatz zu den Compare Registers CRC und CC1–CC4 wird bei den Compare Registers CM0–CM7 nur beim Timer Overflow ein Interrupt ausgelöst und nicht bei Compare Register = Timer.

Da die Compare Registers CM0–CM7 mit zwei 8-Bit-Werten geladen werden müssen, muss sichergestellt werden, dass keine inkonsistenten Zustände entstehen. Darum hat jedes der Compare Registers CM0–CM7 neben dem von der CPU veränderbaren Compare Register einen Compare Latch. Der Comparator vergleicht immer den Wert des Timers mit dem Wert des Compare Latches. Das Laden des Compare Latchs mit dem Wert des Compare Register wird je nach Mode unterschiedlich gesteuert.

Im Compare Mode 0 wird der gewünschte Compare-Wert durch die Software in das Compare Register geschrieben. Durch Beschreiben des niederwertigen Teils des Compare-Registers wird die Timer-Overflow-Loading-Logik aktiviert und dadurch beim nächsten Timer Overflow der Compare Latch mit dem Inhalt des Compare Register geladen. Die Reihenfolge höherwertiger Teil und dann niederwertiger Teil muss also beim Laden immer eingehalten werden. Durch diese Logik kann die CPU zu einem beliebigen Zeitpunkt einen neuen Wert in das Compare Register schreiben. Dieser Wert wird erst beim nächsten Overflow als neuer Compare-Wert übernommen.

Im Compare Mode 1 wird der Compare Latch beim Beschreiben des niederwertigen Teils des Compare Register geladen. Die Reihenfolge höherwertiger Teil und dann niederwertiger Teil muss also beim Laden immer eingehalten werden.

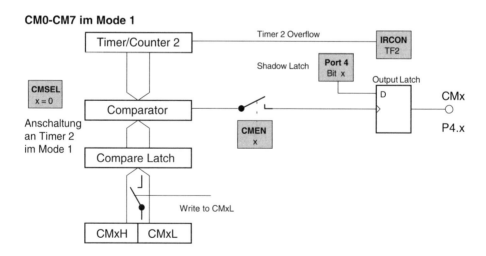

Abb. 6.21: Die Compare Registers im Mode 1

6.9 Die Funktion Capture

6.9.1 Die Funktionsweise

Die Funktion Capture erlaubt aufgrund eines internen oder externen Ereignisses, den Inhalt des Zählers 2 in einem Capture Register zu speichern. Dadurch kann der Zeitpunkt des Ereignisses oder der Zeitabstand zwischen mehreren Ereignissen gemessen werden. Es können die fünf Register CRC und CC1–CC4 als Capture Registers verwendet werden. Die Register können je nach programmierter Betriebsart den Capture-Befehl entweder durch die Software oder durch ein externes Signal erhalten.

Im Mode 1 (Software Capture) wird der aktuelle Stand des Timer 2 in das Capture Register übertragen, wenn ein Schreibbefehl auf das niederwertige Byte des Capture Register ausgeführt wird. Der geschriebene Wert ist dabei unwesentlich. Damit ist es möglich, den Stand des laufenden Timer 2 konsistent zu lesen.

Im Mode 0 (Hardware Capture) wird der aktuelle Stand des Timer/Counter 2 in das Capture Register übertragen, wenn an dem zugeordneten I/O-Pin eine Signal-Flanke anliegt. Es sind dies für die fünf Capture Registers folgende I/O-Pins:

- CRC   Pin 1.0   CC0/INT3#
- CC1   Pin 1.1   CC1/INT4
- CC2   Pin 1.2   CC2/INT5
- CC3   Pin 1.3   CC3/INT6
- CC4   Pin 1.4   CC4/INT2#

Die Eingänge CC1–CC3 reagieren nur auf positive Flanken am Eingang. Die Eingänge CRC und CC4 sind für positive oder negative Flanken programmierbar.

In beiden Fällen muss der entsprechende Eingang als Input konfiguriert sein, d.h. eine Eins im Ausgangs-Latch enthalten.

Jede Hardware-mässige Auslösung der Capture-Funktion setzt das zugehörige Interrupt Request Flag.

Die Abbildung 6.22 gibt eine Übersicht über die Capture-Funktion.

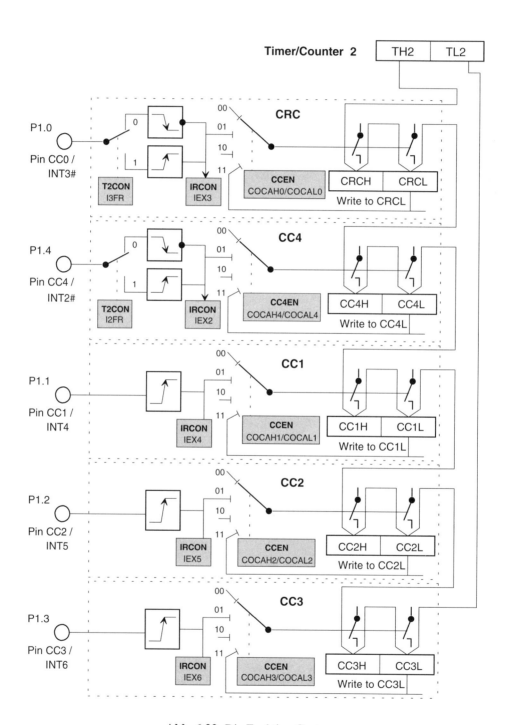

Abb. 6.22: Die Funktion Capture

6.9.2 Die Programmierung der Compare/Capture-Funktion

Die Compare/Capture-Funktionen werden durch folgende Register gesteuert:

- CCEN   definiert die Funktionen der Register CRC und CC1–CC3 (siehe Abbildung 6.23)
- CC4EN   definiert die Funktionen des Registers CC4 (siehe Abbildung 6.24)
- CMSEL CMEN   definieren die Funktionen der Register CM0–CM7 (siehe Abbildung 6.25)

Compare/Capture Enable Register CCEN

COCAH3	COCAL3	COCAH2	COCAL2	COCAH1	COCAL1	COCAH0	COCAL0	0C1h

COCAH0	COCAL0	Compare/Capture Mode für CRC Register
0	0	Compare/Capture ausgeschaltet
0	1	Capture bei fallender oder steigender Flanke von CC0 (Pin 1.0)
1	0	Compare-Funktion eingeschaltet
1	1	Capture beim Schreiben in Register CRCL
COCAH1	COCAL1	Compare/Capture Mode für CC1 Register
0	0	Compare/Capture ausgeschaltet
0	1	Capture bei steigender Flanke von CC1 (Pin 1.1)
1	0	Compare-Funktion eingeschaltet
1	1	Capture beim Schreiben in Register CCL1
COCAH2	COCAL2	Compare/Capture Mode für CC2 Register
0	0	Compare/Capture ausgeschaltet
0	1	Capture bei steigender Flanke von CC2 (Pin 1.2)
1	0	Compare-Funktion eingeschaltet
1	1	Capture beim Schreiben in Register CCL2
COCAH3	COCAL3	Compare/Capture Mode für CC3 Register
0	0	Compare/Capture ausgeschaltet
0	1	Capture bei steigender Flanke von CC3 (Pin 1.3)
1	0	Compare-Funktion eingeschaltet
1	1	Capture beim Schreiben in Register CCL3

Abb. 6.23: Das Compare/Capture Enable Register CCEN (CRC, CC1-CC3)

Compare/Capture 4 Enable   CC4EN

----	COCON2	COCON1	COCON0	COCOEN	COCAH4	COCAL4	COMO	0C9h

COMO			Compare Mode: 0 = Mode 0 1 = Mode 1
COCAH4	COCAL4		Compare/Capture Mode für CC4 Register
0	0		Compare/Capture ausgeschaltet
0	1		Capture bei fallender oder steigender Flanke von CC4 (Pin 1.4)
1	0		Compare-Funktion eingeschaltet
1	1		Capture beim Schreiben in Register CCL4
COCOEN			Concurrent Compare Mode: 0 = aus 1 = ein
COCON 2	1	0	Concurrent-Funktion für
0	0	0	Pin 5.0
0	0	1	Pin 5.0 und 5.1
0	1	0	Pin 5.0, 5.1 und 5.2
	usw.		
1	1	1	Pin 5.0, 5.1, 5.2, 5.3, 5.4, 5.5, 5.6 und 5.7

Abb. 6.24: Das Compare/Capture Enable Register CC4EN (CC4)

Compare Register Enable   CMEN

CMEN.7	CMEN.6	CMEN.5	CMEN.4	CMEN.3	CMEN.2	CMEN.1	CMEN.0	0F6h

CMEN.x   Compare Mode Enable für CM0–CM7

          CMEN.x = 0   Compare-Funktion ausgeschaltet

          CMEN.x = 1   Compare-Funktion eingeschaltet

Compare Register Select   CMSEL

CMSEL.7	CMSEL.6	CMSEL.5	CMSEL.4	CMSEL.3	CMSEL.2	CMSEL.1	CMSEL.0	0F7h

CMSEL.x   Compare Mode Select für CM0–CM7

          CMSEL.x = 1   Mode 0 (Compare Timer)

          CMSEL.x = 0   Mode 1 (Timer 2)

Abb. 6.25: Das Compare Register CMEN und CMSEL

6.10 Die serielle Schnittstelle 0

6.10.1 Die Funktionsweise der seriellen Schnittstelle 0

Die serielle Schnittstelle 0 ist mit Ausnahme der Baudratengenerierung identisch mit der des 8051. Das bedeutet, dass die serielle Schnittstelle 0 wie beim 8051 in den Modes 0 und 2 mit einer festen Baudrate, in den Modes 1 und 3 mit einer programmierbaren Baudrate arbeitet. Anders als beim 8051, bei dem für die Generierung der variablen Baudrate immer der Timer 1 benützt werden musste, kann beim 80C517 ein separater Taktteiler verwendet werden. Damit kann der Timer 1 für andere Zwecke benützt werden.

Die Abbildung 6.26 zeigt die zwei Möglichkeiten der Baudratengenerierung für die serielle Schnittstelle.

- Timer 1 im Mode 2
  Wie beim 8051 kann der Timer 1 als Baudratengenerator verwendet werden.
- spezieller Baudratengenerator
  Der separate Taktteiler für die Schnittstelle 0 wird mit dem Bit BD im Register ADCON0 aktiviert. Da der Teiler fest ist und nur über das Register PCON um den Faktor 2 verändert werden kann, sind bei einer bestimmten Oszillator-Frequenz die Baudraten gegeben.

Werden Zielsystemrechner über serielle Schnittstellen gekoppelt, so ist die genaue Einhaltung einer bestimmten Norm-Baudrate meist nicht notwendig. Wichtig ist nur, dass Sender und Empfänger die gleiche Baudrate verwenden. Wird ein Mikrokontroller jedoch an ein Gerät mit definierter Baudrate angeschlossen (z.B. Modem mit 9600 Bd), so muss eine geeignete Oszillator-Frequenz bestimmt werden. Der Teiler 624 wurde so gewählt, dass die häufig verwendeten Baudraten 4800 Bd und 9600 Bd von einem 12 MHz Takt abgeleitet werden können.

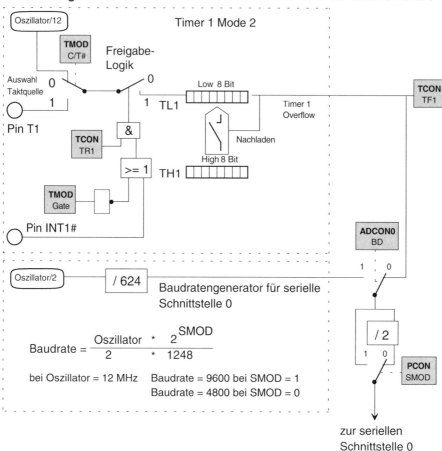

Abb. 6.26: Baudratengenerierung für die serielle Schnittstelle 0

6.10.2 Die Programmierung der seriellen Schnittstelle 0

Die Programmierung der seriellen Schnittstelle erfolgt über folgende Register im Special-Function-Bereich:

- Serial Port Buffer (S0BUF); getrennte Sende- und Emfangsregister
- Prozessor Control Register (PCON)
- Serial Port Control Register (S0CON)
- Analog/Digital Converter Control Register ADCON0

Die serielle Schnittstelle 0   193

Die folgenden vier Abbildungen zeigen den Aufbau und die Adressen dieser Register.

S0BUF: Senden   Adresse = 99h

S0BUF: Empfangen   Adresse = 99h

Ein in dieses Register geschriebener Wert wird übertragen, und ein empfangener Wert kann aus diesem Register gelesen werden.

Abb. 6.27: Register S0BUF

Das Bit SMOD im Register PCON steuert die zusätzliche Taktteilung.

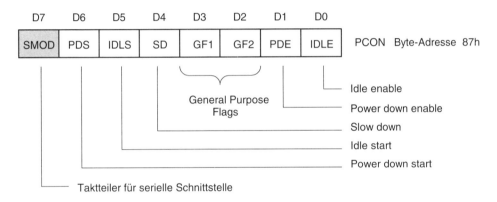

Abb. 6.28: Aufbau des PCON-Register

Analog/Digital Converter Control Register 0   ADCON0

BD	CLK	ADEX	BSY	ADM	MX2	MX1	MX0	0D8h Byte-Adresse
DF	DE	DD	DC	DB	DA	D9	D8	Bit-Adressen

CLK, ADEX, BSY, ADM   Diese Bits haben nichts mit der seriellen Schnittstelle
MX0, MX1, MX2   zu tun

BD   BD = 1: Baudrate durch Baudratengenerator
                        BD = 0: Baudrate durch Timer 1

Abb. 6.29: Aufbau des ADCON0-Register

S0CON **Serial Port Control**

SM0	SM1	SM20	REN0	TB80	RB80	TI0	RI0
9F	9E	9D	9C	9B	9A	99	98

98h Byte-Adresse

Bit-Adressen

SM0	SM1	Betriebsart	
0	0	Mode 0	serielle Steuerung von Schieberegistern
0	1	Mode 1	8-Bit-UART mit programmierbarer Baudrate
1	0	Mode 2	9-Bit-UART mit fester Baudrate
1	1	Mode 3	9-Bit-UART mit programmierbarer Baudrate

SM20   = 0 normaler Betrieb.
Die Bits RB8 und TB8 können beliebig verwendet werden.
In den Modes 0 und 1 sollte SM2 = 0 sein.

= 1 Mehrrechner-Kommunikation ist aktiv.
RI wird nur gesetzt, falls ein Zeichen mit RB8 = 1 empfangen wurde.

REN0   Reception Enable

= 1 Empfangsleitung wird überwacht, und beim Auftreten eines Startbits das folgende Zeichen empfangen.

TB80   Transmit Bit 8: kann beliebig gesetzt oder gelöscht werden.

RB80   Receive Bit 8: neuntes empfangenes Bit in den Modes 2 und 3.

TI0   Transmit Interrupt Flag
Zeigt mit Eins an, dass das Zeichen, welches in SBUF geschrieben wurde, gesendet ist und die Sendelogik für ein neues Zeichen bereit ist. Das Flag kann einen Interrupt auslösen, falls dieser freigegeben ist. Das TI Flag muss durch die Interrupt-Routine gelöscht werden.

RI0   Receive Interrupt Flag
Zeigt mit Eins an, dass ein Zeichen empfangen wurde und in SBUF zum Abholen bereitliegt.
Das Flag kann einen Interrupt auslösen, falls dieser freigegeben ist. Das RI Flag muss durch die Interrupt-Routine gelöscht werden.

Abb. 6.30: Aufbau des S0CON-Register

6.11 Die serielle Schnittstelle 1

6.11.1 Die Funktionsweise der seriellen Schnittstelle 1

Die zusätzliche serielle Schnittstelle 1 kann in den folgenden zwei Betriebsarten arbeiten:

- Betriebsart A: 9-Bit-UART
  entspricht der Betriebsart 2 beim 8051

- Betriebsart B: 8-Bit-UART
  entspricht der Betriebsart 1 beim 8051

Die Baudrate wird mit einem separaten Baudratengenerator erzeugt, welcher aus einem 8-Bit-Timer mit einer Auto-Reload-Funktion und dem Reload Register S1REL besteht. Der Timer wird mit der halben Oszillator-Frequenz getaktet.

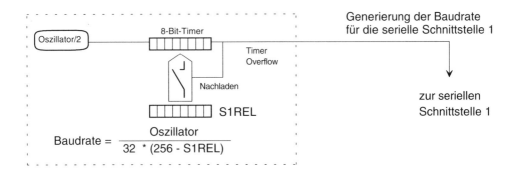

Abb. 6.31: Baudratengenerierung für die serielle Schnittstelle 1

6.11.2 Die Programmierung der seriellen Schnittstelle 1

Die Programmierung der seriellen Schnittstelle 1 erfolgt über ein separates Register mit dem Namen S1CON. Da die Bedeutung der einzelnen Bits gleich ist wie bei der Schnittstelle 0 und somit wie beim 8051, wird das Register S1CON nur grob beschrieben und auf das Kapitel serielle Schnittstelle des 8051 verwiesen.

S1CON

SM		SM21	REN1	TB81	RB81	TI1	RI1	9Bh

SM	Serial Mode (Betriebsart) (entspricht dem SM0-Bit bei SCON)
	0 Mode A 9-Bit-UART mit programmierbarer Baudrate
	1 Mode B 8-Bit-UART mit programmierbarer Baudrate
SM21	Mehrrechner-Kommunikation (entspricht dem SM2-Bit bei SCON)
	= 0 normaler Betrieb
	= 1 Mehrrechner-Kommunikation ist aktiv
REN1	Reception Enable
TB81	Transmit Bit 8, kann beliebig gesetzt oder gelöscht werden.
RB81	Receive Bit 8, neuntes empfangenes Bit in den Modes 2 und 3
TI1	Transmit Interrupt Flag
RI1	Receive Interrupt Flag

Sende- und Empfangsregister S1BUF

Adresse 09Ch

Baudraten-Register S1REL

Adresse 09Dh

Abb. 6.32: Die Programmierung der seriellen Schnittstelle 1

6.12 Das erweiterte Interrupt-System

6.12.1 Die Funktionsweise des Interrupt-Systems

Das Interrupt-System des 80C517 ist im Prinzip gleich aufgebaut wie das Interrupt-System des 8051. Der 80C517 hat jedoch zusätzliche Interrupt Requests von folgenden Quellen:

- Serielle Schnittstelle 1   (RI1 und TI1)
- A/D-Wandler   (IADC)
- Compare Timer   (CTF)
- Timer 2   (TF)
- Externer Interrupt 2   (IEX2)
- Externer Interrupt 3   (IEX3)
- Externer Interrupt 4   (IEX4)
- Externer Interrupt 5   (IEX5)
- Externer Interrupt 6   (IEX6)

Die externen Interrupts 2 und 3 können entweder als positiv oder als negativ flankengetriggert programmiert werden. Die Interrupt 4, 5 und 6 sind immer positiv flankengetriggert.

Analog zu dem Übersichtsbild des Interrupt-Systems des 8051 zeigen die Abbildungen 6.33 und 6.34 den Aufbau des Interrupt-Systems des 80C517. Folgende Punkte sind gleich gelöst wie beim 8051:

- Jeder Interrupt hat ein oder zwei Interrupt Request Flags, mit welchen ein Interrupt angefordert wird. Je nach Interrupt wird das Request Flag automatisch zurückgesetzt oder muss durch die Interrupt-Routine gelöscht werden.

- Jeder Interrupt besitzt ein Enable Bit, mit dem der Interrupt ein- oder ausgeschaltet werden kann.

- Das Bit Enable All (EAL) wirkt als Hauptschalter für alle Interrupts. Beim 8051 heisst das gleiche Bit EA.

- Jede Interrupt-Quelle hat eine definierte Einsprungstelle im untersten Bereich des Programmspeichers.

198 Integrierte Zusatzfunktionen des 80C517

Da total 14 Interrupt-Quellen existieren, wurden die zwei Interrupt-Prioritäten des 8051 auf vier erweitert. Jeweils zwei Bits steuern die Zuordnung eines Interrupt Request zu einer der vier Prioritäten. Da diese zwei Bits nicht für jeden der 14 Interrupt-Eingänge vorhanden sind, werden jeweils mehrere Interrupt-Eingänge zu Prioritätsgruppen zusammengefasst und durch die selben Prioritäts-Bits gesteuert.

Prioritätsgruppe	Prioritäts-Steuer-Bits
externer Interrupt 0, serielle Schnittstelle 1, A/D-Wandler	(IP0.0, IP1.0)
Timer 0, externer Interrupt 2	(IP0.1, IP1.1)
externer Interrupt 1, externer Interrupt 3	(IP0.2, IP1.2)
Timer 1, Compare Timer, externer Interrupt 4	(IP0.3, IP1.3)
externer Interrupt 5, serielle Schnittstelle 0	(IP0.4, IP1.4)
Timer 2, externer Interrupt 6	(IP0.5, IP1.5)

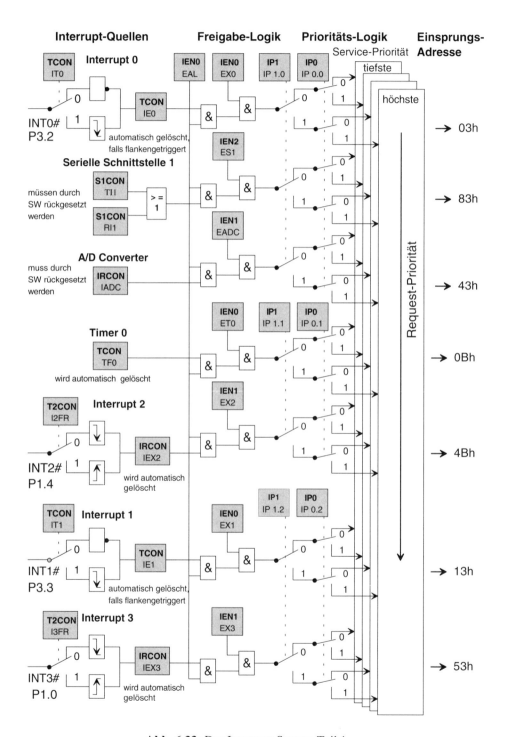

Abb. 6.33: Das Interrupt-System Teil 1

200 Integrierte Zusatzfunktionen des 80C517

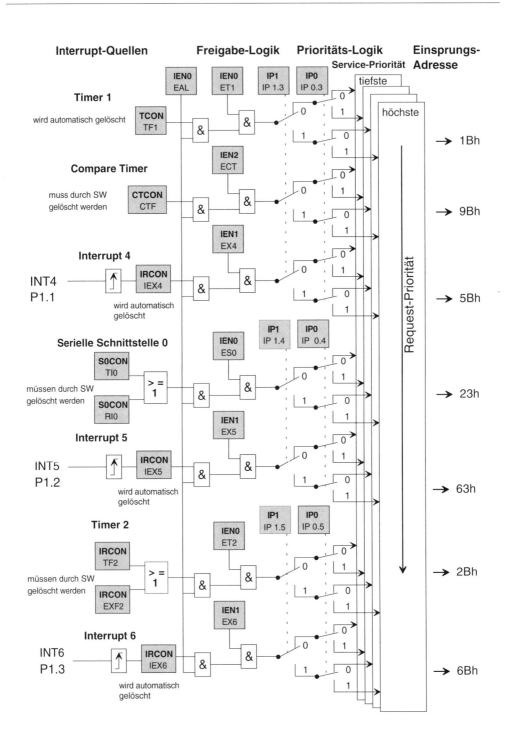

Abb. 6.34: Das Interrupt-System Teil 2

6.12.2 Die Programmierung des Interrupt-Systems

Für die Programmierung des Interrupt-Systems werden folgende Special Function Registers verwendet:

- **drei Interrupt Enable Registers**
  IEN0   entspricht dem Register IE des 8051
  IEN1, IEN2   enthalten die Enable Flags der neuen Interrupts

  Es ist zu beachten, dass das Register IEN1 an der Adresse liegt, an welcher sich beim 8051 das Register IP befindet.

- **das neue Interrupt Request Control Register IRCON**
  Das Register enthält die Request Flags der neuen Interrupts.

- **zwei neue Interrupt Priority Registers IP0 und IP1**

Die Abbildungen 6.35–6.39 zeigen den Aufbau der für das Interrupt-System wesentlichen Register.

Interrupt Enable Register 0   IEN0 (entspricht IE beim 8051)

EAL	WDT	ET2	ES0	ET1	EX1	ET0	EX0	Byte-Adresse 0A8h
AF	AE	AD	AC	AB	AA	A9	A8	Bit-Adressen

EAL = 1   Enable All Interrupts

ET2 = 1   Enable Timer 2 Interrupt
ES0 = 1   Enable Serielle-Schnittstelle-0-Interrupt
ET1 = 1   Enable Timer-1-Interrupt
EX1 = 1   Enable external INT1
ET0 = 1   Enable Timer-0-Interrupt
EX0 = 1   Enable external INT0

WDT   Watch Dog Timer Refresh Flag
           (siehe Abschnitt "Der Watch Dog Timer")

Abb. 6.35: Das Interrupt Enable Register IEN0

Interrupt Enable Register 1   IEN1

EXEN2	SWDT	EX6	EX5	EX4	EX3	EX2	EADC	Byte-Adresse 0B8h
BF	BE	BD	BC	BB	BA	B9	B8	Bit-Adressen

EXEN2 = 1	Enable Timer 2 external Reload Interrupt
EX6 = 1	Enable external Interrupt 6
EX5 = 1	Enable external Interrupt 5
EX4 = 1	Enable external Interrupt 4
EX3 = 1	Enable external Interrupt 3
EX2 = 1	Enable external Interrupt 2
EADC = 1	Enable A/D Converter Interrupt
SWDT	Start Watch Dog Timer (siehe Abschnitt "Der Watch Dog Timer")

Abb. 6.36: Das Interrupt Enable Register IEN1

Interrupt Enable Register 2   IEN2

			ECT		ES1	Byte-Adresse 09Ah

ECT = 1	Enable Compare Timer Interrupt
ES1 = 1	Enable Serielle-Schnittstelle-1-Interrupt

Abb. 6.37: Das Interrupt Enable Register IEN2

Interrupt Request Control Register IRCON

EXF2	TF2	IEX6	IEX5	IEX4	IEX3	IEX2	IADC	Byte-Adresse 0C0h
C7	C6	C5	C4	C3	C2	C1	C0	Bit-Adressen

EXF2 = 1   Timer 2 external reload Flag
TF2 = 1   Timer 2 Overflow Flag
IEX6 = 1   Interrupt 6 Request Flag
IEX5 = 1   Interrupt 5 Request Flag
IEX4 = 1   Interrupt 4 Request Flag
IEX3 = 1   Interrupt 3 Request Flag
IEX2 = 1   Interrupt 2 Request Flag
IADC = 1   A/D Converter Interrupt Request Flag

Abb. 6.38: Das Interrupt Request Control Register IRCON

Interrupt Priority Register IP0 und IP1

OWDS	WDTS	IP0.5	IP0.4	IP0.3	IP0.2	IP0.1	IP0.0	IP0	Byte-Adresse 0A9h
—	—	IP1.5	IP1.4	IP1.3	IP1.2	IP1.1	IP1.0	IP1	Byte-Adresse 0B9h

IP1.x	IP0.x	
0	0	Priority Level 0 lowest
0	1	Priority Level 1
1	0	Priority Level 2
1	1	Priority Level 3 highest

OWDS   Oscillator Watch Dog Status Flag
        (siehe Abschnitt "Der Watch Dog Timer")

WDTS   Watch Dog Timer Status Flag
        (siehe Abschnitt "Der Watch Dog Timer")

Abb. 6.39: Die Interrupt Priority Registers IP0 und IP1

6.13 Übersicht über die Special Function Registers

Neue SFR des 83C517 sind hervorgehoben: z.B.: **DPSEL**

yyyy'yxxx \ xxx	000	001	010	011	100	101	110	111
1000'0xxx	80h P0	81h SP	82h DP-L	83h DP-H	84h	85h	86h WDTREL	87h PCON
1000'1xxx	88h TCON	89h TMOD	8Ah TL-0	8Bh TL-1	8Ch TH-0	8Dh TH-1	8Eh	8Fh
1001'0xxx	90h P1	91h	92h DPSEL	93h	94h	95h	96h	97h
1001'1xxx	98h S0CON	99h S0BUF	9Ah IEN2	9Bh S1CON	9Ch S1BUF	9Dh S1REL	9Eh	9Fh
1010'0xxx	A0h P2	A1h	A2h	A3h	A4h	A5h	A6h	A7h
1010'1xxx	A8h IEN0(IE)	A9h IP0	AAh	ABh	ACh	ADh	AEh	AFh
1011'0xxx	B0h P3	B1h	B2h	B3h	B4h	B5h	B6h	B7h
1011'1xxx	B8h IEN1(IP)	B9h IP1	BAh	BBh	BCh	BDh	BEh	BFh
1100'0xxx	C0h IRCON	C1h CCEN	C2h CCL1	C3h CCH1	C4h CCL2	C5h CCH2	C6h CCL3	C7h CCH3
1100'1xxx	C8h T2CON	C9h CC4EN	CAh CRCL	CBh CRCH	CCh TL2	CDh TH2	CEh CCL4	CFh CCH4
1101'0xxx	D0h PSW	D1h	D2h CML0	D3h CMH0	D4h CML1	D5h CMH1	D6h CML2	D7h CMH2
1101'1xxx	D8h ADCON0	D9h ADDAT	DAh DAPR	DBh P7	DCh ADCON1	DDh P8	DEh CTRELL	DFh CTRELH
1110'0xxx	E0h ACCU	E1h CTCON	E2h CML3	E3h CMH3	E4h CML4	E5h CMH4	E6h CML5	E7h CMH5
1110'1xxx	E8h P4	E9h MD0	EAh MD1	EBh MD2	ECh MD3	EDh MD4	EEh MD5	EFh ARCON
1111'0xxx	F0h B	F1h	F2h CML6	F3h CMH6	F4h CML7	F5h CMH7	F6h CMEN	F7h CMSEL
1111'1xxx	F8h P5	F9h	FAh P6	FBh	FCh	FDh	FEh	FFh

Abb. 6.40: Die Special Function Registers des 80C517

6.14 Übungen

Thema A/D-Wandler

a) An den Eingängen Pin 7.0–8.3 eines Prozessors 80C537 liegen analoge Signale im Bereich von 0–5 Volt. Die angelegte Referenzspannung ist genau 5 Volt.

Schreiben Sie in Assembler eine Prozedur mit dem Namen "messen", welche die Spannung an einem bestimmten Pin misst und den gemessenen Wert im Register R4 zurückgibt. Die Nummer des zu messenden Einganges wird im Register R3 in den Bits 0–3 für die Eingänge 7.0–8.3 übergeben.

b) Wie müsste der A/D-Wandler programmiert werden, damit eine möglichst gute Auflösung erreicht wird, falls Signale im Bereich von 1–3 Volt gemessen werden sollen? Geben Sie die notwendigen Änderungen in Ihrem Programm an.

Thema Compare/Capture Unit

a) Die LED am Pin 4.0 soll im Abstand von 500 ms durch eine Interrupt-Routine ein-/ausgeschaltet werden. Schreiben Sie das Programm, welches die Initialisierung und die Interrupt-Routine enthält, in C51. Es soll der Timer/Counter 2 verwendet werden.

b) Die LED am Pin 4.0 soll im Abstand von 500 ms durch eine Interrupt-Routine ein-/ausgeschaltet werden. Schreiben Sie das Programm, welches die Initialisierung und die Interrupt-Routine enthält, in C51. Es soll der Compare Timer verwendet werden.

c) Auf einem mit 12 MHz getakteten Prozessor 80C537 werden folgende Initialisierungen vorgenommen:

```
T2CON  = 10010001b
CRCH   = FBh            CRCL   = 1Eh

CTCON  = 1000 0010b
CTRELH = FAh            CTRELL = 24h
```

Geben Sie die Zykluszeit des Timer 2 an.
Geben Sie die Zykluszeit des Compare Timer an.

Zusätzlich werden folgende Register initialisiert:

```
CCH1  = FCh             CCL1   = 18h
CCEN  = 00001000b
CMEN  = 01h             CMSEL  = 01h
CM0H  = FFh             CM0L   = 6Ah
```

Geben Sie an, wie die Signale an den Anschlüssen CC1 und CM0 aussehen (Diagramm mit Periodendauer und Zeiten für den Signalverlauf High und Low).

Thema serielle Schnittstellen

a) Geben Sie die Teiler für den Baudratengenerator der seriellen Schnittstelle 1 für 4800 Bd und 9600 Bd an. Der Prozessor arbeitet mit einem Takt von 12 MHz.

Anhang A: Lösungen zu den Übungen

Lösungen Kapitel Architektur 8051

a)   MOV   A,#05h

b)   MOV   R2,#28h

c)   MOV   37h,#15

d)   MOV   @R0,#0

e)   ANL   A,#11110111b

f)   ORL   A,#00100000b

g)   XRL   A,#00000010b

h)   MOV   C,V
                     ANL   C,/W
                     CPL   C
                     MOV   U,C

i)   MOV   C,W
                     ORL   C,/V
                     MOV   U,C

j)   MOV   x,#1
       cycle: .....
                     .....
                     .....
                     INC   x
                     MOV   A,x
                     CJNE   A,#21,cycle

k)   if: MOV   A,x
                     CLR   C
                     SUBB   A,#15
                     JC   then
                     JMP   else
     then: MOV   y,#20h
                     JMP   endif
     else: MOV   y,#10h
     endif: .....

l) if: XRL   A,#15
            JZ   then
            JMP   else
    then: MOV   R0,#0
            JMP   endif
    else: MOV   R0,#1
    endif: .....

m) if: CLR   C
            SUBB A,#15
            JZ   skip
            JNC   then
    skip: JMP   else
    then: MOV   R0,#20h
            JMP   endif
    else: MOV   R0,wert_a
    endif: .....

n) if: MOV   A,R3
            CLR   C
            SUBB A,#1
            JC   then
            JMP   else
    then: MOV   wert_a,#0
            JMP   endif
    else: MOV   wert_a,#1
    endif: .....

o) while: MOV   A,R0
            CLR   C
            SUBB A,#15
            JC   do
            JZ   do
            JMP   ewhile
    do: INC   R0
            INC   R1
            JMP   while
    ewhile: .....

p) for: MOV   R5,#15
    cycle: MOV   A,R1
            ADD   A,R4
            MOV   R0,A
            INC   R5
            CJNE   R5,#21,cycle
            .....

q) for: MOV   R7,#5
    cycle: MOV   A,R1
            CLR   C
            SUBB   R4
            MOV   R0,A
            DJNE   R7,cycle
            .....

Lösungen Kapitel Zusatzfunktionen 8051

Thema Ports

a) Blink mit Warteschleife

```
                NAME    Blink
;
code_seg        SEGMENT CODE
;
                CSEG    AT 0
entry_point:    JMP     start           ; Start an Adresse 0000
;
;-------------------------------------------------------------
; Hauptprogramm
;-------------------------------------------------------------
                RSEG    code_seg
start:
;
;10 Takte * 200 = 2ms;  2ms * 250 = 500ms
;
endless:        MOV     R0,#250
wait_2:         MOV     R1,#200
wait_1:         NOP                     ; 1 Takt = 1us
                NOP                     ; 1 Takt = 1us
                NOP                     ; 1 Takt = 1us
                NOP                     ; 1 Takt = 1us
                NOP                     ; 1 Takt = 1us
                NOP                     ; 1 Takt = 1us
                NOP                     ; 1 Takt = 1us
                NOP                     ; 1 Takt = 1us
                DJNZ    R1,wait_1       ; 2 Takte = 2us
                DJNZ    R0,wait_2
                CPL     P1.5
                JMP     endless

                END
```

b)   7-Segment-Anzeige

```
                NAME    Hex_7_Segment
;
code_seg        SEGMENT CODE
;
                CSEG    AT 0
entry_point:    JMP     start               ; Start an Adresse 0000
;
;-----------------------------------------------------------
; Hauptprogramm
;-----------------------------------------------------------
                RSEG    code_seg
start:

endless:        MOV     A,P3
                ANL     A,#0Fh
                MOV     DPTR,#codew_tab
                MOVC    A,@A+DPTR
                CPL     A
                MOV     P1,A
                JMP     endless
;
;Tabelle ist so definiert, wie wenn eine Eins die LED
;einschalten wuerde. Darum muessen die Werte vor
;der Ausgabe noch invertiert werden.
;
codew_tab:      DB      3Fh     ; 0
                DB      06H     ; 1
                DB      5BH     ; 2
                DB      4FH     ; 3
                DB      66H     ; 4
                DB      6DH     ; 5
                DB      7DH     ; 6
                DB      07H     ; 7
                DB      7FH     ; 8
                DB      6FH     ; 9
                DB      77H     ; A
                DB      7CH     ; B
                DB      58H     ; C
                DB      5EH     ; D
                DB      79H     ; E
                DB      71H     ; F
;
                END
```

Thema Interrupt

a) Zeit nachführen

```
                NAME    Uhrzeit
;
stack_seg       SEGMENT IDATA
data_seg        SEGMENT DATA
code_seg        SEGMENT CODE
;
                RSEG    stack_seg
tos:            DS      10                  ; 10 Byte Stack
;
                RSEG    data_seg
zsec:           DS      1
sec:            DS      1
min:            DS      1
std:            DS      1
;
                CSEG    AT 0
entry_point:    JMP     start               ; Start an Adresse 0000
;
                ORG     03h
                JMP     isr_int_0           ; Einsprungsstelle INT0#
;
;-------------------------------------------------------------
; Hauptprogramm
;-------------------------------------------------------------
                RSEG    code_seg
start:          MOV     SP,#tos             ; Stackpointer laden
                SETB    IT0                 ; Flankentriggerung
                SETB    PX0                 ; hohe Proritaet
                SETB    EX0                 ; Freigabe INT0#
                SETB    EA                  ; Freigabe Interrupt
;
Cycle:          ........
                ........
                ........
                ........
                ........
                JMP     cycle
;
```

```
;----------------------------------------------------------
; Interrupt-Routine
;----------------------------------------------------------
isr_int_0:      PUSH    PSW
                INC     zsec                    ; zsec := zsec + 1
                MOV     A,zsec
                CJNE    A,#10,ex_int
                MOV     zsec,#0                 ; zsec := 0
;
                INC     sec                     ; sec := sec + 1
                MOV     A,sec
                CJNE    A,#60,ex_int
                MOV     sec,#0                  ; sec := 0
;
                INC     min                     ; min := min + 1
                MOV     A,min
                CJNE    A,#60,ex_int
                MOV     min,#0                  ; min := 0
;
                INC     std                     ; std := std + 1
                MOV     A,std
                CJNE    A,#24,ex_int
                MOV     std,#0                  ; std := 0
;
ex_int:         POP     PSW
                RETI
;
                END
```

Thema Timer

a)   Zeitverzögerung von 10 ms.

```
                NAME    Delay
;
stack_seg       SEGMENT IDATA
code_seg        SEGMENT CODE
;
                RSEG    stack_seg
tos:            DS      10              ; 10 Byte Stack
;
                CSEG    AT 0
entry_point:    JMP     start           ; Start an Adresse 0000
;
                ORG     0Bh
                JMP     isr_tim_0       ; Einsprungsstelle Timer 0
;
;-----------------------------------------------------------------
; Hauptprogramm
;-----------------------------------------------------------------
timer_low       EQU     0F0h            ; 65536 - 10000 = 55536
timer_high      EQU     0D8h            ; 55536 = D8F0h = 10 ms
;
                RSEG    code_seg
start:          MOV     SP,#tos         ; Stackpointer laden
;
Cycle:          ........
                ........
                CALL    start_timer
                ........
                ........
                ........
                ........
                JMP     cycle
;
;-----------------------------------------------------------------
; Unterprogramm start_timer
;-----------------------------------------------------------------
start_timer:    MOV     TH0,#timer_high ; Timer Register
                MOV     TL0,#timer_low  ; laden
                MOV     A,TMOD
                ANL     A,#11110000b
                ORL     A,#00000001b    ;
                MOV     TMOD,A
                SETB    TR0             ; Timer 0 Run
;
                SETB    PT0             ; Prioritaet hoch
                SETB    ET0             ; Freigabe Timer 0
                SETB    EA              ; Freigabe Interrupt
                RET
;
```

```
;---------------------------------------------------------
; Interrupt-Routine
;---------------------------------------------------------
isr_tim_0:      PUSH    PSW
                ........
                ........
                ........
                ........
;
                CLR     TR0     ; Stop Timer 0
                CLR     ET0     ; Sperren Interrupt Timer 0
                POP     PSW
                RETI
;
                END
```

b) Blink als Timer-Interrupt-Routine

```
                NAME Int_Blink
;
stack_seg       SEGMENT IDATA
code_seg        SEGMENT CODE
data_seg        SEGMENT DATA
;
                RSEG    stack_seg
tos:            DS      10              ; 10 Byte Stack
;
                RSEG    data_seg
count:          DS      1
;
                CSEG    AT 0
entry_point:    JMP     start           ; Start an Adresse 0000
;
                ORG     0Bh
                JMP     isr_tim_0       ; Einsprungsstelle Timer 0
;
```

```
;-----------------------------------------------------------
; Hauptprogramm
;-----------------------------------------------------------
timer_low       EQU     0B0h            ; 65536 - 50000=
timer_high      EQU     3Ch             ; 3CB0h = 50ms
;
                RSEG    code_seg
start:          MOV     SP,#tos         ; Stackpointer laden
;
                MOV     count,#10
                MOV     TH0,#timer_high ; Timer Register
                MOV     TL0,#timer_low  ; laden
                MOV     A,TMOD
                ANL     A,#11110000b
                ORL     A,#00000001b    ;
                MOV     TMOD,A
                SETB    TR0             ; Timer 0 Run
;
                SETB    PT0             ; Prioritaet hoch
                SETB    ET0             ; Freigabe Timer 0
                SETB    EA              ; Freigabe Interrupt
Cycle:          ........
                ........
                ........
                ........
                ........
                JMP     cycle
;
;-----------------------------------------------------------
; Interruptroutine
;-----------------------------------------------------------
isr_tim_0:      PUSH    PSW
                DJNZ    count,exit_isr
                MOV     count,#10
;
                CPL     P1.5
;
exit_isr:       MOV     TH0,#timer_high ; Timer Register
                MOV     TL0,#timer_low  ; laden
                POP     PSW
                RETI
;
                END
```

Thema serielle Schnittstelle

a) Baudrate 4800 Bd mit Timer 1

$$TH1 = 256 - \frac{Quarzfrequenz}{12} * \frac{2^{SMOD}}{Baudrate * 32}$$

Bei SMOD = 0: 256 - 6.51 = 249.49   Fehler bei Teiler 249 = 7,5%
Bei SMOD = 1: 256 - 13.02 = 242.98   Fehler bei Teiler 243 = 0,76%

Es muss der Teiler 243 mit SMOD = 1 verwendet werden.

b) Baudraten 9600 Bd und 19'200 Bd mit Timer 2

$$RCAP2 = 65536 - \frac{Quarzfrequenz}{Baudrate * 32}$$

RCAP2 = 16 Bit High/Low

9600 Bd: 65536 - 39.06 = 65496.94 Fehler bei Teiler 65497 = 0,15%
19200 Bd: 65536 - 19.53 = 65516.47 Fehler bei Teiler 65516 = 2,4%

Die Baudrate 9600 Bd ist problemlos, bei der Baudrate 19200 Bd ist der durch die Rundung entstehende Fehler zu gross.

c) Serielle Schnittstelle initialisieren und Zeichen senden

```
                NAME    Send
;
timer_high      EQU     243             ; 243 = 4800Bd
;
stack_seg       SEGMENT IDATA
code_seg        SEGMENT CODE
;
                RSEG    stack_seg
tos:            DS      10              ; 10 Byte Stack
;
                CSEG    AT 0
entry_point:    JMP     start           ; Start an Adresse 0000
;
```

```
;
;----------------------------------------------------------------
; Hauptprogramm
;----------------------------------------------------------------
;
                RSEG    code_seg
start:          MOV     SP,#tos         ; Stackpointer laden
                CALL    init_ss         ; init serielle SS
;
Cycle:          ........
                ........
                MOV     A,'S'           ; Sende Zeichen S
                CALL    send
                ........
                ........
                ........
                ........
                JMP     cycle
;
;----------------------------------------------------------------
; Unterprogramm init_ss
;----------------------------------------------------------------
init_ss:        MOV     TH1,#timer_high ; Timer laden
                MOV     A,TMOD
                ANL     A,#00001111b
                ORL     A,#00100000b    ; Mode 2
                MOV     TMOD,A
                SETB    TR1             ; Timer 1 Run
                ORL     PCON,#80h       ; SMOD = 1
;
                MOV     SCON,#01000000b ; 8 Bit UART
                                        ; kein Empfang
;
                RET
;
;----------------------------------------------------------------
; Unterprogramm send
;----------------------------------------------------------------
send:           MOV     SBUF,A          ; Zeichen in SBUF
wait:           JNB     TI,wait         ; warte, bis TI = 1
                CLR     TI
;
                RET
;
                END
```

Lösungen Kapitel Entwicklungsumgebung

a) Zählintervall verändern
Der Counter im Interrupt-Modul ist auf 20 zu erhöhen.

```
                NAME    int
;
$INCLUDE(C:\c51\asm\REG517.INC)
;
                PUBLIC  init_timer_0,tim_0_int
                EXTRN   CODE(anzeige)
;
code_s          SEGMENT CODE
data_s          SEGMENT DATA
;------ Datensegment
                RSEG    data_s
counter:        DS      1
anz_cnt:        DS      1
;
;------ Verschiebbares Codesegment
                RSEG    code_s
;
;------ Intitialisierung Timer und Timer Interrupt
;
init_timer_0:   MOV     anz_cnt,#0      ;Counter fuer Anzeige
                MOV     counter,#20     ;und Interrupt-Routine
                MOV     TH0,#3Ch        ;65536-50000=15536 =
                MOV     TL0,#0B0h       ;3CB0h   alle 50ms
                MOV     tmod,#00000001b ;Timer Mode laden
                ANL     tcon,#0Fh
                ORL     tcon,#00010000b ;Timer Control laden
                ORL     ien0,#10000010b ;Enable Timer Interrupt
                RET

;------ Interruptroutine
;
tim_0_int:      PUSH    ACC
                PUSH    DPH
                PUSH    DPL
                DJNZ    counter,return  ;Counter abgelaufen
                MOV     counter,#20     ;Counter neu laden
                MOV     A,anz_cnt
                CALL    anzeige         ;Anzeige
                INC     anz_cnt         ;Counter erhoehen
return:         MOV     TH0,#3Ch        ;Zaehler 0 High Laden
                MOV     TL0,#0B0h       ;Zaehler 0 Low   Laden
                POP     DPL
                POP     DPH
                POP     ACC
                RETI

                END
```

```c
#pragma PAGELENGTH(62)
/*------------------------------------------------------------*/
/* Modul Interrupt                                            */
/*------------------------------------------------------------*/
/* Das Modul enthaelt folgende Routine:                       */
/*                                                            */
/* init_timer_0         Init Timer 0, Interrupt fuer Timer 0  */
/* tim_0_int            Interrupt Routine fuer Timer 0        */
/*------------------------------------------------------------*/
/* Erstellt:       26.2.96                      R. Klaus      */
/* Ueberarbeitet: 24.3.98                       R. Klaus      */
/*------------------------------------------------------------*/
#include         <REG517.h>
#pragma          MOD517

unsigned char anz_cnt,counter;

extern void anzeige(unsigned char);

/*------------------------------------------------------------*/
/*Initialisierung Timer 0 und Interrupt-System                */
/*------------------------------------------------------------*/
void init_timer_0 (void)
{
counter = 20;                  /* 20 * 50 ms = 1s              */

anz_cnt=0;                     /* Anzeige Nummer = 0           */
TH0 = 0x3C;                    /* Timer 0 mit 50000 laden      */
TL0 = 0xB0;                    /* 65536 - 50000 = 15536=3CB0h  */
TMOD = 0x01;                   /* Timer 0 Mode 1               */
TR0 = 1;                       /* Timer 0 Run                  */
ET0 = 1;                       /* Enable Int Timer 1           */
EAL = 1;                       /* Enable Interrupt             */
}

/*------------------------------------------------------------*/
/*Interrupt-Routine fuer Anzeige mit Timer 0                  */
/*------------------------------------------------------------*/
void tim_0_int (void) interrupt 1
{
counter = counter - 1;         /* Falls 20 * Anzeige erhoehen*/
if (counter == 0)
{       counter = 20;
        anzeige(anz_cnt);      /* Codewandlung und Anzeige    */
        anz_cnt = anz_cnt + 1; /* Anzeige-Nummer erhoehen     */
}
TH0 = 0x3C;                    /* Timer 0 mit 50000 laden      */
TL0 = 0xB0;                    /* 65536 - 50000 = 15536=3CB0h  */
}
```

b) Wert an den Schiebeschalter Bits 3–0 an der 7-Segment-Anzeige anzeigen. Es muss nur das Modul "main" geändert werden. Das Modul "anzeige" bleibt unverändert und das Modul "Interrupt" wird nicht mehr benötigt.

```
;--------------------------------------------------------------
; Demoprogramm Assembler 8051
;--------------------------------------------------------------
; Das Programm liest den Wert an den Schiebeschaltern 0..3
; und gibt diesen an die 7-Segment-Anzeige aus.
;--------------------------------------------------------------
; Erstellt:       24.3.98                              R. Klaus
;--------------------------------------------------------------
                NAME    demo_main
;
                EXTRN   CODE(anzeige)
;
                $INCLUDE(C:\c51\asm\REG517.INC)
;
stack_s         SEGMENT IDATA
code_s          SEGMENT CODE
;
;------ Stacksegment
                RSEG    stack_s
tos:            DS      10

;------ Entry Point by Power Up
                CSEG    AT      0
entry:          JMP     start
;
;------ Verschiebbares Codesegment
                RSEG    code_s
start:          MOV     SP,#tos                 ;Lade SP
;
loop:           MOV     A,P7                    ;Schiebschalter lesen
                ANL     A,#0Fh  ; und
                CALL    anzeige                 ;Anzeigen

                JMP     loop                    ;Endlos-Schleife

                END
```

```
/*-------------------------------------------------------------*/
/* Demoprogramm C51                                            */
/* Das Programm liest den Wert des Schiebeschalters Bit 3..0   */
/* und gibt ihn an die 7-Segment-Anzeige aus                   */
/*-------------------------------------------------------------*/
/* Erstellt:        24.3.98                          R. Klaus  */
/*-------------------------------------------------------------*/
#include         <REG517.h>
#pragma          MOD517

/*-------------------------------------------------------------*/
/*Hauptprogramm                                                */
/*-------------------------------------------------------------*/

extern void anzeige(unsigned char);

void main   (void)
{
endless:
         anzeige(P7 & 0xF);     *Anzeige = Schiebeschalter    */
         goto     endless;

}
```

c) Wert am Hex-Schalter an der 7-Segment-Anzeige anzeigen. Es muss nur das Modul "main" geändert werden. Das Modul "anzeige" bleibt unverändert und das Modul "Interrupt" wird nicht mehr benötigt.

```
/*-------------------------------------------------------------*/
/* Demoprogramm C51                                            */
/* Das Programm liest den Wert des Hex-Schalters               */
/* und gibt ihn an die 7-Segment-Anzeige aus                   */
/*-------------------------------------------------------------*/
/* Erstellt:        30.3.98                          R. Klaus  */
/*-------------------------------------------------------------*/
#include         <REG517.h>
#pragma          MOD517

/*-------------------------------------------------------------*/
/*Hauptprogramm                                                */
/*-------------------------------------------------------------*/

extern void anzeige(unsigned char);

void main   (void)
{
endless:
         anzeige((P1 >> 4)& 0xF);  /*Anzeige = Schiebeschalter */
         goto     endless;

}
```

```
;---------------------------------------------------------------
; Demoprogramm Assembler 8051
;---------------------------------------------------------------
; Das Programm liest den Wert am Hex-Schalter
; und gibt diesen an die 7-Segment-Anzeige aus.
;---------------------------------------------------------------
; Erstellt:        30.3.98                         R. Klaus
;---------------------------------------------------------------
                NAME    demo_main
;
                EXTRN   CODE(anzeige)
;
                $INCLUDE(C:\c51\asm\REG517.INC)
;
stack_s         SEGMENT IDATA
code_s          SEGMENT CODE
;
;------ Stacksegment
                RSEG    stack_s
tos:            DS      10

;------ Entry Point by Power Up
                CSEG    AT      0
entry:          JMP     start
;
;------ Verschiebbares Codesegment
                RSEG    code_s
start:          MOV     SP,#tos         ; Lade SP mit Top of Stack
;
loop:           MOV     A,P1            ; Hex-Schalter lesen
                RR      A
                RR      A
                RR      A
                RR      A
                ANL     A,#0Fh  ; und
                CALL    anzeige         ; Anzeigen

                JMP     loop            ; Endlos-Schleife

                END
```

Lösungen Kapitel Architektur C517

a) Wandlung bin_bcd

```
;***************************************************************
;------ Unterprogramm bin_bcd
;***************************************************************
;
bin_bcd:        MOV     R7,#5
                MOV     R0,#anz_0             ; Adresse von anz(0)
                MOV     R3,anzeige_wert       ; Wert in R3,R2 laden
                MOV     R2,anzeige_wert+1
;
divide:         MOV     MD0,R2                ; MUL/DIV-Unit laden
                MOV     MD1,R3
                MOV     MD4,#10
                MOV     MD5,#0
                NOP                           ; warten auf Ergebnis
                NOP
                NOP
                NOP
                MOV     R2,MD0                ; x := x / 10
                MOV     R3,MD1
                MOV     @R0,MD4               ; anz(n) := x MODULO 10
                MOV     R1,MD5                ; muss ausgelesen werden,
;                                               wird nicht benoetigt
                INC     R0
                DJNZ    R7,divide
                RET
;
```

Lösungen Kapitel Zusatzfunktionen C517

Thema A/D-Wandler

a) Unterprogramm messen

```
messen: CLR     ADM             ; Mode: eine Wandlung
        CLR     ADEX            ; Start per DAPR
        MOV     A,R3            ; Pin festlegen
        ANL     A,#0Fh
        MOV     ADCON1,A
        MOV     DAPR,#0         ; Start
wait:   JB      BSY,wait        ; Warte, bis Messung fertig
        MOV     R4,ADDAT
        RET
```

b) Auflösung des A/D-Wandlers vergrössern

Bei einem Messbereich von 1–3 V müssen die internen Referenzspannungen wie folgt festgelegt werden:

VIntARef	3.125 V	1010b
VIntAGnd	0.9375 V	0011b

Das DAPR-Register muss wie folgt geladen werden:

```
        MOV     DAPR,#10100011b           ; Start
```

Thema Compare/Capture Unit

a) Interrupt-Routine Timer/Counter 2

```c
/*---------------------------------------------------------------*/
/* Demoprogramm C51                                              */
/* Das Programm initialisiert den Timer/Counter 2.               */
/* Die HW-Interrupt-Routine aendert die LED am Bit P4.0 bei      */
/* jedem Interrupt                                               */
/*---------------------------------------------------------------*/
/* Erstellt:      1.4.98                         R. Klaus        */
/*---------------------------------------------------------------*/
#include    <REG517.h>

sbit        led = P4^0;
/*---------------------------------------------------------------*/
/*Interrupt-Routine Timer/Counter 2                              */
/*---------------------------------------------------------------*/
void int_TC2 (void) interrupt 5
{
        led     = ~led;           /* Port 4.0 komplementieren */
        TF2     = 0;              /* Request Flag = 0          */
}

/*---------------------------------------------------------------*/
/*Hauptprogramm                                                  */
/*---------------------------------------------------------------*/

void main (void)
{
        led     = 0;              /* Port = 0                              */
        T2PS    = 1;
        CTCON   = CTCON | 0x80;   /* Teiler 8, Takt 125'000 Hz             */
        CRCL    = 0xDC;           /* 125'000 Hz / 62500 = 2 Hz             */
        CRCH    = 0x0B;           /* 65536 - 62500 = 3036 =0BDCh           */
        T2R1    = 1;              /* Reload                                */
        T2R0    = 0;              /* per Ueberlauf                         */
        TF2     = 0;              /* Request Flag = 0                      */
        T2I1    = 0;
        T2I0    = 1;              /* Timer                                 */

        ET2     = 1;              /* Interrupt Enable                      */
        EAL     = 1;              /* Interrupt Enable                      */


endless:
        goto    endless;

}
```

b)   Interrupt-Routine Compare Timer

```c
/*----------------------------------------------------------------*/
/* Demoprogramm C51                                               */
/* Das Programm initialisiert den Compare Timer.                  */
/* Die HW-Interrupt-Routine aendert die LED am Bit P4.0 bei       */
/* jedem Interrupt                                                */
/*----------------------------------------------------------------*/
/* Erstellt:      1.4.98                              R. Klaus    */
/*----------------------------------------------------------------*/
#include   <REG517.h>

sbit       led = P4^0;
/*----------------------------------------------------------------*/
/*Interrupt-Routine Compare Timer                                 */
/*----------------------------------------------------------------*/
void int_CT (void) interrupt 19
{
        led    = ~led;              /* Port 4.0 komplementieren*/
        CTCON  = CTCON & 0xF7;      /* Request Flag = 0         */
}

/*----------------------------------------------------------------*/
/*Hauptprogramm                                                   */
/*----------------------------------------------------------------*/

void main (void)
{
    led    = 0;                  /* Port    = 0                        */
    CTCON  = (CTCON&0xF0)|6;     /* Teiler 128, Takt 93750 Hz          */
    CTRELH = 0x48;               /* 93750 Hz/46'875 = 2 Hz             */
    CTRELL = 0xE5;               /* 65536 - 46875 = 18661 = 48E5h*/

    IEN2   = IEN2 | 8;           /* Interrupt Enable                   */
    EAL    = 1;                  /* Interrupt Enable                   */


endless:
        goto    endless;

}
```

c) Compare/Capture Unit

Die Werte in T2CON, CTCON, CRC und CTREL bedeuten:

Timer/Counter 2: Timer mit Auto Reload
Teiler 8, Reload = 125 kHz
CRC = 10000h - FB1Eh = 1250d

--> 100 Hz oder 10 ms

Compare Timer Teiler 4, d.h. 1/8 Oszillator-Frequenz
= 1,5 MHz
CTREL = 10000h - 0FA24h = 1500d

--> 1000 Hz oder 1 ms

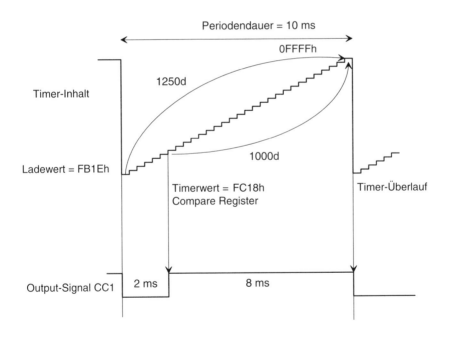

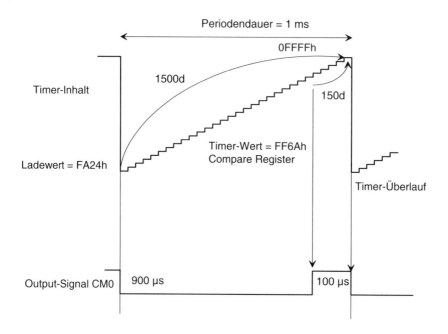

Thema serielle Schnittstelle

a) Baudrate für 4800 Bd und 9600 Bd für die serielle Schnittstelle 1

    4800 Bd: Teiler = 78.125

                   S1REL = 178   **Fehler = 0.16%**

    9600 Bd: Teiler = 39.0625

                   S1REL = 217   **Fehler = 0.16%**

Anhang B: Literatur

- **intel Manual**

  Embedded Microcontrollers and Processors

- **Das Mikrokontroller Kochbuch**

  Andreas Roth
  iWT
  1992
  ISBN 3-88322-225-9
  ca. 270 Seiten

- **Microcomputer Components**

  SAB 80C517 User Manual
  Infineon
  SAB C517A User Manual
  Infineon

- **A51 Assembler, C51 Compiler, 8051 Utilities, dScope 51**

  Keil Software, Inc.

- **Der Keil C51-Compiler**

  Michael Baldischweiler (http://www.c51.de)
  ELECTRONIC MEDIA
  1999
  ISBN 3-9804331-6-1
  ca. 370 Seiten

- **Praxis mit dem Keil C51-Compiler**

  Michael Baldischweiler (http://www.c51.de)
  ELECTRONIC MEDIA
  2001
  ISBN 3-9804331-7-x
  ca. 400 Seiten

Stichwortverzeichnis

Symbole

#include, 113
#pragma eject, 113
µVision1, 84
µVision2, 130

A

A/D-Wandler, 164
A51, 83, 87
Adress Latch Enable, 25
ALE, 20, 25
ALU, 19
Arithmetic and Logic Unit, 19
arithmetische Einheit, 147
Assembler, 83, 87
Auto Reload, 58, 63

B

Baudratengenerator, 63, 74
Baudratengenerierung, 191
Bit-Adressen, 95
Bit-Bereich, 13
BL51, 83, 115

C

C51, 83, 101
Capture, 63, 170, 187
Capture/Compare Unit, 170
Compare, 170, 178
Compare Mode 0, 178
Compare Mode 1, 180
Compare Timer, 172, 176
Compiler, 83
Concurrent Compare, 184

D

Daten-Pointer, 145
Datenspeicher, 9, 11, 145
DB, 92
DBIT, 92
direkte Adressierung, 29
DS, 92
dScope, 116
dScope51, 83
DW, 92

E

EA#, 9, 20
Editor, 83
EJECT, 100
Event Counter, 170
Extern, 96
externe Interrupt-Quellen, 51

F

Frequenz-Messung, 170

I

Idle Mode, 24, 151
Immediate-Adressierung, 29
In-Circuit-Emulator, 84
INCLUDE, 100
indirekte Adressierung, 29

L

LIB51, 83
Library Manager, 83
Linker, 83, 115
Location Counter, 90

M

Makro, 98
MCB517, 123
Mehrrechner-Kommunikation, 71
Minimalsystem, 8
Modul, 87
MON51, 116

N

Normalisieren, 148

O

Object-Hex Converter, 83
OH51, 83
Oszillator, 19
Oszillator-Watch-Dog, 153, 156

P

PCON, 76, 152
Port, 47
Port-Treiber, 47
Power Down Mode, 24, 151
Prioritätsgruppe, 198
Prioritätssteuerung, 53
Programmspeicher, 9, 10
Prozessor Control Register, 24, 76

Prozessor Status Word, 22
PSEN#, 20, 25
PSW, 22
Public, 96
Pulsweiten-Messung, 170
Pulsweiten-Modulation, 170

R

RD#, 25
Referenz-Pegel, 164
Register, 12, 19
Register-Adressierung, 29
RESET, 20
Reset, 23
Run Mode, 151
Run Time Library, 113

S

Schieben, 148
Segment, 87
serielle Schnittstelle, 67, 191
SFR, 11
Slow Down Mode, 151
Source-Level Debugger, 83
Special Function Register, 11, 15, 17
Stack, 12
Startup File, 113
Strukturelemente, 39
Symbolarten, 93
Systembus, 25
Systemerweiterung, 25

T

Timer, 170
Timer/Counter, 57
Timer/Counter 2, 172, 173
Timing and Control, 20

U

UART, 67

V

vordefinierte Symbole, 94

W

Watch Dog Timer, 153
WR#, 25

Z

Zielsystem-Debugger, 83
zugelassene Zeichen, 93
Zweitbelegungen der Ports, 162

Weitere Publikationen im vdf Hochschulverlag

Rolf Klaus
Der Mikrokontroller C167

2000, 300 Seiten, Format 17 x 24 cm, broschiert
CHF 54.–/DEM 69.80/ATS 510.–, ISBN 3 7281 2477 X

Das Buch behandelt den Mikrokontroller C167, dessen Architektur ein Superset des Mikrokontrollers 80C166 und damit die Basis für eine grosse Zahl von Nachfolgeprodukten ist.
Die Publikation richtet sich an Studierende und Ingenieure, welche ihr Wissen auf diesem Gebiet vertiefen wollen. Der Aufbau, die Funktionsweise und die Programmierung des Mikrokontrollers C167 werden erklärt und anhand von Beispielen veranschaulicht. Viele Übungen mit ausführlichen Lösungen dienen der Lernkontrolle.
Das vorliegende Buch bildet zusammen mit den im gleichen Verlag bereits erschienenen Büchern „Einführung in die Digitaltechnik – Vom Gatter zu VHDL", „Technische Informatik", „Grundlagen der Computertechnik", „Einführung in C++" und „Die Mikrokontroller 8051, 8052 und 80C517" eine Einheit. Sowohl thematisch wie auch im Aufbau entsprechen diese Bücher dem in den Studiengängen Elektrotechnik und Informationstechnologie der Zürcher Hochschule Winterthur erprobten Mix von Wissensvermittlung und praktischen Beispielen und Übungen.

Rolf Klaus, Hans Käser
Grundlagen der Computertechnik

1998, 460 Seiten, Format 17 x 24 cm, broschiert
CHF 47.–/DEM 59.80/ATS 435.–, ISBN 3 7281 2475 3

Die Computertechnik entwickelt sich derzeit in rasendem Tempo. Die grundlegenden Techniken bilden jedoch nach wie vor eine tragende Säule und sind für das Verständnis der neuen Entwicklungen sowie für deren Anwendung in der Praxis unverzichtbar. Eine praxisorientierte Brücke will denn auch die vorliegende Publikation schlagen.
Das Buch richtet sich an Studierende und Ingenieure, die ihr Wissen auffrischen wollen. Es führt in die Grundlagen der Computertechnik ein und bildet zusammen mit weiteren Bänden eine Einheit; sowohl thematisch wie auch im Aufbau entsprechen sie dem in den Studiengängen Elektrotechnik und Informationstechnologie am Technikum Winterthur erprobten Mix von Wissensvermittlung, praktischen Beispielen und Übungen.

Karol Frühauf, Jochen Ludewig, Helmut Sandmayr
Software-Prüfung
Eine Anleitung zum Test und zur Inspektion

4., durchgesehene Auflage 2000, 186 Seiten, zahlreiche grafische Darstellungen und Tabellen,
Format 17 x 24 cm, broschiert, CHF 29.–/DEM 36.80/ATS 255.–, ISBN 3 7281 2743 4

Dieses Buch beschreibt und vergleicht die beiden wichtigsten Verfahren zur Software-Prüfung: den Test und die Inspektion (das Review). Es vermittelt damit die notwendigen Kenntnisse, um mit vertretbarem Aufwand und hohem Nutzen systematische Prüfungen in der Praxis einzuführen. Auf diese Weise wird ein grosser Teil der Fehler frühzeitig entdeckt, und es entsteht ein objektives Bild der Software-Qualität.

Die Anleitung ist wissenschaftlich und praxisorientiert zugleich: Die behandelten Verfahren sind so beschrieben, dass man sie direkt anwenden kann. Methoden, die nur akademische Bedeutung haben, werden nicht diskutiert. Checklisten und Formulare erleichtern die Benutzung des Buches.

Karol Frühauf, Jochen Ludewig, Helmut Sandmayr
Software-Projektmanagement und -Qualitätssicherung

3., überarbeitete Auflage 1999, 176 Seiten, zahlreiche Tabellen und grafische Darstellungen, Format 17 x 24 cm, broschiert, CHF 32.–/DEM 39.80/ATS 290.–, ISBN 3 7281 2585 7

In dieser dritten Auflage liegt das Buch völlig überarbeitet vor. Leserinnen und Leser einer früheren Auflage könnten den Eindruck gewinnen, am Buch sei nur der Titel gleich geblieben. Das stimmt nicht ganz.

Gestützt auf die Erkenntnis, dass die Projektführung in der Praxis grosse Schwierigkeiten bereitet, wurden vor allem die Kapitel „Der Einstieg ins Projekt" und „Projekt-Controlling" ausgebaut. Die verschiedenen Sichten der Planung und die Mechanismen der objektiven Fortschrittskontrolle sind präziser und anwendungsfreundlicher dargestellt. Dem Projektleiter steht neu die Rolle des Projekteigentümers zur Seite; das Fehlen oder die Fehlbesetzung dieser Rolle ist eine der häufigen Ursachen von Problemen mit Software-Projekten. Komplett neu geschrieben ist das Kapitel „Qualitätsmanagement". War das Thema für Softwarefirmen zu Zeiten der ersten Auflage vor gut zehn Jahren noch Neuland, wird es heute fast als aussterbende Spezies gehandelt. Im Kapitel wird das Unmögliche versucht: Diesem Trend sowohl Rechnung zu tragen als auch ihm zu trotzen.

Die Themen „Freigabewesen – Meilensteine", „Software-Prüfungen und Metriken", „Konfigurationsmanagement" und „Projektabschluss" sind inhaltlich aufgefrischt, aber vom Umfang her gleich geblieben. Trotz engerem Satz resultiert ein Mehr von 50 Seiten; dies hauptsächlich wegen der beinahe doppelt so vielen Abbildungen – die Autoren hoffen, die Aussagekraft des Buches in ähnlichem Masse erhöht zu haben.

Hrsg. von SVD (Schweizerische Vereinigung für Datenverarbeitung)
und WIF (Wirtschaftsinformatik Fachverband)
Berufe der Informatik
mit Funktionsbeschreibungen der Wirtschaftsinformatik, Technischen Informatik
und der Organisation in der Schweiz

5., stark überarbeitete und erweiterte Auflage 2000, 280 Seiten, zahlreiche grafische Darstellungen, Format A4, broschiert
CHF 64.–/DEM 79.80/ATS 585.–, ISBN 3 7281 2738 8

Rechtzeitig zu Beginn des neuen Jahrtausends erscheint die fünfte Auflage des Buches „Berufe der Wirtschaftsinformatik in der Schweiz". Neben einem neuen Erscheinungsbild hat das im Informatikmarkt breit verankerte Fachbuch auch einen neuen Namen bekommen, der dem Umstand Rechnung trägt, dass jetzt auch die Funktionen der Technischen Informatik darin aufgeführt sind.

In seinem Vorwort schreibt der Vorsteher des Eidgenössischen Volkswirtschaftsdepartements, Bundesrat Pascal Couchepin:

„Im heutigen Zeitalter der Informatik und Kommunikation spielt die Informatik eine tragende, wenn nicht gar die Schlüsselrolle. Deshalb hat der Bundesrat bereits im Februar 1998 seine Strategie für eine Informationsgesellschaft in der Schweiz vorgestellt. Die daraus abgeleiteten Arbeiten in einer interdepartementalen Koordinationsgruppe legten einen Schwerpunkt auf die Bereiche Aus- und Weiterbildung. Die Berufsbildung und das Informatik. Aktionsprogramm soft(net) des Bundes leisten einen wesentlichen Beitrag zur Behebung des gegenwärtigen Fachkräftemangels, sei es durch Massnahmen im Lehrstellenbereich, sei es durch Förderung und Unterstützung von Quereinsteigern. Solche Handlungsweisen sind leichter zu verwirklichen, wenn klare Strukturen existieren. Das vorliegende Buch ‚Berufe der Informatik' schafft, mit genauen Definitionen des Aufgaben- und Tätigkeitsbereichs jeder einzelnen Funktion sowie der dafür notwendigen Ausbildung und der fachlichen Kern- und Nebenkompetenzen, die ideale Voraussetzung dazu.

... Ziel war, Licht in die betrieblichen Tätigkeiten der Wirtschaftsinformatik zu bringen und eine Standardisierung der Funktionsbezeichnungen zu erzielen. Diese Funktionsbeschreibungen sind bis heute Grundlage für eine Salärerhebung im Informatikbereich, die von der SVD und dem WIF in Zusammenarbeit mit der Wirtschaft jährlich erstellt wird. Das Nachschlagewerk und die Salärerhebung bilden zusammen eine für die Wirtschaft einzigartige, unverzichtbare Basis für die Festsetzung der Informatiklöhne."

Die Neuauflage des Buches erscheint zusammengefasst in einem Band. Ein Änderungsprotokoll beschreibt die Ergänzungen und Veränderungen gegenüber der vierten Auflage.

Autoren der fünften Auflage:
Peter H. Albrecht, Peter Atzenweiler, Walter Bodenmann, Walter Grolimund, Sabine Jungk, Christian Lauchenauer, Peter H. Marugg, Peter U. Meier, Fredy Schlup, Erhard Schütz, Erich Streit, Karl Hutter, Marco Primavesi

---

Peter Schweizer
Systematisch Lösungen realisieren
Innovationsprojekte leiten und Produkte entwickeln
2001, 436 Seiten, zahlreiche grafische Darstellungen, Format 17 x 24 cm, gebunden
CHF 74.–/DEM 94.80/ATS 690.–, ISBN 3 7281 2763 9

Innovationen sichern unsere Zukunft!

Das vorliegende Werk zeigt auf leicht verständliche Weise, wie Sie Ihre persönliche Zukunft als auch diejenige Ihrer Firma durch erfolgreich realisierte Innovationsprojekte absichern. Das Buch vertieft neben den Grundlagen des Projektmanagements speziell die Methoden der Produktentwicklung. Es vermittelt Ihnen
– mehr Sicherheit im Umgang mit innovativen Herausforderungen
– den aktuellsten Stand des Methodikwissens, insbesondere TRIZ,
– die erfolgsrelevanten Aspekte über den gesamten Innovationsprozess.

Es ist prägnant und kurzweilig geschrieben und eignet sich für Studium und Beruf.

Peter Schweizer
Systematisch Lösungen finden

Ein Lehrbuch und Nachschlagewerk für Praktiker
mit einem Vorwort von Dr. Stephan Bieri, Delegierter und Vizepräsident des Rates
der Eidgenössischen Technischen Hochschulen

*2001, ca. 282 Seiten, zahlreiche grafische Darstellungen, Format 17 x 24 cm, gebunden
ca. CHF 58.–/DEM 74.80/ATS 545.–, ISBN 3 7281 2648 9*

Das vorliegende Werk vermittelt nicht nur Methoden für das systematische Problemlösen. Es ist eine Denkschule, die verschiedene Faktoren miteinbezieht: die Logik, die Persönlichkeit, Emotionen sowie alle an der Aufgabe Beteiligten. Dabei fliessen auch Erkenntnisse der modernen Hirnforschung ein.
Der erste Teil vermittelt die Grundlagen vernetzten Denkens sowie Methoden, die der jeweiligen Situation sowie unterschiedlichen Rollen angepasst werden können. Im zweiten Teil wird gezeigt, wie die eigene Persönlichkeit den Lösungsprozess positiv beeinflussen kann. – Ein Lese- und Lehrbuch, Nachschlagewerk und Ratgeber in einem: Es eignet sich für Lehrende und Lernende, fürs Berufs- wie auch fürs Privatleben.

Bruno Jenny
Prüfungsvorbereitung – aber richtig!
Tips vom Prüfer

*2000, 172 Seiten, zahlreiche Abbildungen, inkl. Tabellen, Pläne und Logik-Trainer,
Format 11 x 19 cm, broschiert
CHR 24.–/DEM 29.80/ATS 220.–, ISBN 3 7281 2746 9*

Das Buch versucht mit Hilfe von 17 einfachen Regeln, die Lernmethodik von Prüflingen zu verbessern und zu hinterfragen. Zudem wird gezeigt, auf welche Punkte man während der Prüfung achten sollte. Das heisst, es wird aufgezeigt, wie sich Kandidaten taktisch verhalten sollen, um eine Prüfung erfolgreich bestehen zu können. Dies ist insbesondere wichtig, da die meisten Kandidaten nicht infolge fehlenden Fachwissens scheitern, sondern daran, dass sie speziell bei der schriftlichen Prüfung nicht wissen, mit welchen Methodiken/Verhaltensweisen sie am besten zum Ziel kommen. Werden die aufgeführten Regeln befolgt, so garantiert der Autor eine Steigerung der Abschlussnoten bis zu zwei Zehnteln oder mehr.
Das Büchlein ist bewusst in lockerem Stil geschrieben und versucht, die trockene Materie nicht allzu ernst zu nehmen.
Eine Besonderheit sind die sogenannten „Expander", in denen der Leser sein logisches Denken und seine Kurzzeitgedächtnisfähigkeiten testen und trainieren kann.
Die 17 Kapitel sind logisch und in sich geschlossen aufgebaut. Das heisst, dass die einzelnen Kapitel je nach Bedürfnis oder Lust und Laune gelesen werden können. Damit eignet sich das Büchlein gut als „Bettlektüre" für die (schlaflosen) Nächte vor dem Tag X.

vdf Hochschulverlag AG an der ETH Zürich